Karl Budde

# Die Religion des Volkes Israel bis zur Verbannung

Sarastro Verlag

Karl Budde

**Die Religion des Volkes Israel bis zur Verbannung**

1. Auflage 2012　|　ISBN: 978-3-86471-230-2

Erscheinungsort: Paderborn, Deutschland

Sarastro GmbH, Paderborn. Alle Rechte beim Verlag.

Nachdruck des Originals von 1905.

Karl Budde

# Die Religion des Volkes Israel bis zur Verbannung

Sarastro Verlag

# BUDDE

Die Religion des Volkes Israel
bis zur Verbannung

Amerikanische religionswissenschaftliche Vorlesungen
Dritte Reihe 1897—98

## Das religiöse Leben der Juden nach dem Exil
von
Rev. **T. K. Cheyne**, M. A., D. D.
Deutsche Übersetzung von H. Stocks, Pfarrer.

Zweite **wohlfeile** Ausgabe

Oktav. 1905. 276 Seiten. Geh. M. 2.50; geb. M. 3.30

*Verlag von Alfred Töpelmann (vorm. J. Ricker) in Giessen*

Die

# Religion des Volkes Israel bis zur Verbannung

von

**D. Karl Budde**

ord. Professor der Theologie an der Universität Marburg a. L.

Zweite wohlfeile Ausgabe

Alfred Töpelmann
(vorm. J. Ricker'sche Verlagsbuchhandlung)
Gießen 1905

—— Alle Rechte vorbehalten ——

Amerikanische
religionswissenschaftliche Vorlesungen
Vierte Reihe 1898—99

Diese Ausgabe bietet den unveränderten Text der ersten Ausgabe von 1900

Meinem lieben Lehrer

# ADOLF KAMPHAUSEN,

der mich vor dreissig Jahren
der alttestamentlichen Wissenschaft zugeführt hat,

zu seinem

## siebenzigsten Geburtstag

in Dankbarkeit
gewidmet.

## Vorwort.

Im Jahre 1894 übermittelte mir Professor C. H. Toy von Harvard University, der Vorsitzende des Ausschusses für die „Amerikanischen Vorlesungen über Religionsgeschichte", die Aufforderung, die vierte Reihe dieser Vorlesungen zu übernehmen. Der Gegenstand sollte dem Gebiete der altisraelitischen Religionsgeschichte angehören, da sich mein nächster Vorgänger, Professor T. K. Cheyne von Oxford, die spätere alttestamentliche Entwickelung, den Judaismus, erwählt hatte[1]. Die Annahme dieses ehrenvollen Antrags stand für mich ausser Frage, und auch über die nähere Bestimmung des Gegenstandes war ich bald mit mir im Reinen. Wenn Cheyne seine Vorlesungen mit der babylonischen Verbannung begann, so mussten die meinigen den Anschluss daran erreichen. Wenn er den ganzen Rest des alttestamentlichen Zeitalters mit seinen Vorlesungen deckte, so mussten die meinigen bis zu dessen Anfang hinaufgehen. Ohnehin war es für mich unmöglich von den alten Zeiten der Jahwereligion zu reden, ohne sie bis zu ihrem Ursprung zu verfolgen.

Die Aufgabe, ein so weites Feld in sechs Stunden

---

[1] T. K. Cheyne, Das religiöse Leben der Juden nach der Verbannung. Deutsche Übersetzung von H. Stocks. 1899. J. Rickersche Verlagsbuchhandlung, Giessen.

zu durchmessen, schien anfangs überschwer. Aber als ich ihr näher trat, glaubte ich immer mehr zu erkennen, dass gerade der Zwang mich so kurz zu fassen, mich so rücksichtslos nur an die Hauptsache zu halten, der besonderen Abzielung der Vorlesungen nur förderlich sein könnte. Galt es die denkbar kürzeste Linie zwischen Ausgangs- und Endpunkt zu ziehen, so musste auch deutlicher als sonst zu Tage treten, dass diese Linie eine gerade ist, dass der Weg, den die einzigartig dastehende Entwickelung der Religion Israels zurückgelegt hat, trotz aller scheinbaren Umwege und Zickzackzüge, doch im letzten Grunde folgerichtig, notwendig, weise und sieghaft in die Höhe führt und schon an dem Punkte, wo diese Vorlesungen Halt machen müssen, den Ausblick auf die Vollendung in dem Evangelium Jesu Christi eröffnet. Und musste ich auf die Vorführung der analytischen Arbeit so gut wie völlig verzichten, vielmehr ihre Ergebnisse einfach voraussetzen, so durfte ich umsomehr hoffen, dass sich die alttestamentliche Wissenschaft hier einmal nicht von der negativen Seite, nur als Kritik, darstellen werde, sondern als durchaus positive, rettende, herstellende, aufbauende Tätigkeit, die den Reichtum der Anschauungen in ihrem Gebiete gewaltig steigert und die Massen des Stoffs zu einem wahrhaft lebendigen Ganzen sich schichten und gliedern lehrt. Ich durfte hoffen, dadurch einer gebildeten Zuhörerschaft einen klaren Überblick ohne hemmende und störende Einzelheiten zu verschaffen, die religiöse Erkenntnis wirklich zu mehren und zugleich das Zutrauen zu unserer Arbeit zu wecken und zu stärken, das uns wie jedem ehrlichen Arbeiter unentbehrlich ist.

Diese, vielleicht zu hoch gespannten, Hoffnungen gaben mir den Mut zur Arbeit und machten sie mir zur Freude. Sie gaben mir zugleich die einzigen Richtlinien. Nur für die Zuhörerschaft, wie ich sie mir dachte, habe ich geschrieben, nicht für die Fachgenossen und die Wissenschaft. Es galt nicht, die Geschichte unseres Faches zu zeichnen und jedem Mitarbeiter getreulich das Seine zuzuweisen, noch neue Ergebnisse zu gewinnen und die Wissenschaft damit einen Schritt weiter zu führen. So gut wie alles, was diese Vorlesungen enthalten, habe ich in grösserem wissenschaftlichem Zusammenhang meinen Schülern seit Jahren vorgetragen. Der Öffentlichkeit freilich dürfte mancherlei hier zum ersten Male vorgelegt werden. Soweit es erwünscht und mir möglich ist, werde ich die ausführlichere Begründung dafür an passendem Orte nachholen[1]). Aber die Hauptsache war und blieb mir der grosse Zusammenhang, die Darlegung der Stetigkeit und Folgerichtigkeit des Fortschritts in Gottes Offenbarung.

---

[1]) Als Erläuterung zu Vorlesung VI darf gelten meine Abhandlung „Die sogenannten Ebed-Jahwe-Lieder und die Bedeutung des Knechtes Jahwe's in Jes. 40—55", die gleichzeitig mit diesem Buche und in demselben Verlage erscheint.

X

Im Frühjahr und Sommer 1898 wurden die Vorlesungen niedergeschrieben; Dr. Macey M. Skinner aus Boston, ein junger Fachgenosse, der damals in Strassburg seine Studien fortsetzte, übersetzte sie ins Englische. Von der Universitätsbehörde beurlaubt, trat ich im September die Reise nach Amerika an und trug die Vorlesungen, in dieser englischen Übersetzung, im Auftrage des zu Anfang genannten Ausschusses, während der Monate Oktober bis Dezember an acht Orten und Anstalten vor. Es waren die Universitäten von Chicago, New Haven (Yale), Cambridge Mass. (Harvard), Ithaca (Cornell), Union Theological Seminary in New York, Brooklyn Institute of Arts and Sciences (Brooklyn), endlich die Universitäten von Philadelphia (Un. of Pennsylvania) und Baltimore (Johns Hopkins). Die erste und dritte Vorlesung, mit einer kurzen Zusammenfassung der zweiten als Bindeglied, wurden auf Wunsch der unitarischen Fakultät zu Meadville in Pennsylvania auch dort dargeboten. Der Zutritt war überall allen Gebildeten, auch Frauen, gestattet. Den Dank für alle Güte und Freundschaft, die ich während meines Aufenthaltes in Amerika erfahren habe, für alle aufopfernde Hilfe, die mir seitens vieler Fachgenossen bei der Glättung der englischen Übersetzung für Vortrag und Druck zuteil geworden ist, möchte ich auch hier nicht unausgesprochen lassen.

Die englische Fassung der Vorlesungen ist inzwischen als vierter Band der *American Lectures on the History of Religions* bei G. P. Putnam's Sons in New York erschienen. Mit der grössten Freundlichkeit erteilte mir der Ausschuss für die Vorlesungen die Erlaubnis, für die ich hier meinen Dank sage, sie schon gegen Ende dieses Jahres auch im deutschen Wortlaut zu veröffentlichen, und so biete ich hier der deutschen Lesewelt die genaue Vorlage jenes Buches. Ich habe an der Fassung, wie sie für den mündlichen Vortrag geplant war, so gut wie nichts geändert, weil mir die Gesichtspunkte, die dafür massgebend waren, auch für den Druck ihre Geltung zu behalten schienen. Was ich zur Erläuterung noch für dienlich hielt, habe ich in Anmerkungen verwiesen; doch wurden auch diese möglichst knapp gehalten. An ausführlicheren Darstellungen, die das Vermisste liefern können, fehlt es heute weder in englicher noch in deutscher Sprache, während die kurze Zusammenfassung, die hier dargeboten wird, vielleicht den Vorzug der Neuheit in Anspruch nehmen kann.

Möge es dem Büchlein beschieden sein, auch in der Muttersprache seines Verfassers einigen Nutzen zu stiften, möge es zugleich in Deutschland die Augen auf das höchst verdienstliche Unternehmen richten, dem es seine Entstehung verdankt, und möge es dann seiner Vorgänger nicht unwürdig befunden werden!

Strassburg, im August 1899.

K. Budde.

# Zeittafel.

| | |
|---|---|
| Der Auszug aus Ägypten | um 1250 v. Chr. |
| Die Einwanderung in Kanaan | vor 1200 „ |
| David's Thronbesteigung | um 1000 „ |
| Die Teilung des Reiches | 933 „ |
| Ahab König von Israel | 876—854 „ |
| Der Sturz des Hauses Omri | 842 „ |
| Der Prophet Amos | um 760 „ |
| Der Prophet Hosea | um 745 „ |
| Der Sturz des Hauses Jehu | 743 „ |
| Die Berufung Jesaja's zum Propheten | 740 „ |
| Der syrisch-ephraimitische Krieg gegen Ahas von Juda | 734—732 „ |
| Der Regierungsantritt Hiskia's | 725 „ |
| Der Untergang des Nordreichs | 722 „ |
| Die Belagerung Jerusalem's durch Sanherib von Assyrien | 701 „ |
| Manasse König von Juda | 696—641 „ |
| Abschluss der Geschichtsbücher J (seit etwa 850) und E (seit etwa 800) | um 650 „ |
| Josia König von Juda | 639—608 „ |
| Die Berufung Jeremia's zum Propheten | 626 „ |
| Die Reform Josia's auf Grund des Deuteronomium | 621 „ |
| Josia fällt in der Schlacht bei Megiddo | 608 „ |
| Necho von Ägypten wird bei Karkemiš geschlagen | 604 „ |
| Die erste Einnahme Jerusalem's durch Nebukadnezar und die erste Fortführung | 597 „ |
| Die Wirksamkeit Hesekiel's in Babylonien | 593—571 „ |
| Die Zerstörung Jerusalem's und die zweite Fortführung | 586 „ |
| Deuterojesaja | um 545 „ |
| Die Einnahme Babylon's durch Kyros | 538 „ |
| Die Abfassung der Priesterschrift (P) in Babylonien | um 500 „ |

# Inhaltsverzeichnis.

|  | Seite |
|---|---|
| Vorwort . . . . . . . . . . . . . . . . . . . . | VII |
| Zeittafel . . . . . . . . . . . . . . . . . . . . | XIII |

### Erste Vorlesung.
Der Ursprung der Jahwe-Religion. . . . . . . . . . . .  1

### Zweite Vorlesung.
Jahwe und seine Nebenbuhler . . . . . . . . . . . . . 37

### Dritte Vorlesung.
Richter, Propheten, Könige, die Vorkämpfer Jahwe's . . . 73

### Vierte Vorlesung.
Die auswärtigen Mächte und die Schriftprophetie des Nord-
    reichs . . . . . . . . . . . . . . . . . . . . . 105

### Fünfte Vorlesung.
Das Ringen der Jahwereligion mit der Weltmacht im Süd-
    reiche Juda . . . . . . . . . . . . . . . . . . . 135

### Sechste Vorlesung.
Der Zusammenbruch Juda's und die Grundpfeiler für seine
    Wiederaufrichtung . . . . . . . . . . . . . . . . 173

Erste Vorlesung.

**Der Ursprung der Jahwe-Religion.**

Der Ursprung der Jahwe-Religion[1]) als der Religion Israels fällt mit den Anfängen des Volkes selbst zusammen. Ein jeder weiss, dass die Überlieferung darüber in den ersten Büchern der Heiligen- Schrift, insbesondere im Buche Exodus, zu finden ist.

Nun sind sonst die Anfänge fast überall in einen dichten, undurchdringlichen Schleier gehüllt, und so pflegt man auch den Berichten der Völker über ihre eigenen Anfänge mit grossem Misstrauen zu begegnen. Von dem alten Israel und seiner Religion denken manche nicht anders. Es giebt bedeutende Forscher und Autoritäten meines Faches, die es nicht wagen, irgend etwas von der Überlieferung Israels, was über die Zeit Davids, höchstens Sauls, hinaufreicht, als Geschichte zu verwerten, und für die Geschichte der Religion Israels sind ihnen erst die Propheten des achten Jahrhunderts zuverlässige Zeugen. Ich habe ein besseres Zutrauen zu den Quellen der israelitischen Geschichte und Religion. Zwar ist mir der Unterschied von Überlieferung und Geschichte wohl bekannt. Aber ich habe auch aus langer Erfahrung gelernt, dass die äussere Gestalt der Überlieferung von ihrem inneren Gehalte wohl zu unterscheiden ist, dass die Überlieferung in zahllosen Fällen echte Geschichte in Formen kleidet, die auf den ersten Blick gar kein Vertrauen zu verdienen scheinen. Die Aufgabe des wahren Historikers ist zunächst, die Überlieferung zu verstehen. Die richtig verstandene wird er nicht wegwerfen, sondern an der richtigen Stelle verwerten. So wird aus Überlieferung Geschichte[2]. So behandelt hat sich mir die biblische Überlieferung selbst bis zu den ältesten Zeiten hinauf — ich rede von der Geschichte des Volkes Israel, nicht von der Urgeschichte und Patriarchengeschichte der Genesis — in den Hauptsachen als zuverlässig erwiesen. Wird ihr Faden auch an mancher Stelle recht dünn, so reisst er doch niemals ganz ab, und ich wage zu hoffen, dass es mir gelingen wird, in engem und ununterbrochenem Anschluss an die Überlieferung ein geschlossenes Bild der Religion des alten Israel in ihrer fortschreitenden Veredelung und Vertiefung vor Ihnen zu entwerfen, das sich selbst in den Hauptzügen als ein wahres bezeugen wird. Es braucht kaum gesagt zu werden, dass ich mich dabei der Hilfsmittel bediene, die die biblische Forschung, die Altertumswissenschaft und die vergleichende Religionsgeschichte unserer Tage uns darbietet. Nicht für alles, was ich anwenden muss, kann ich in der Kürze der Zeit die ausführlichen Belege bieten; doch werde ich es an einem erläuternden Hinweise nie fehlen lassen. —

Ein jeder weiss, dass die Wiege des Volkes Israel nach der Überlieferung in Ägypten stand. Dahin wurde Joseph verkauft und fand dort sein Glück; die grosse Familie seines Vaters Jakob, siebzig Seelen stark, folgte ihm nach. Eine Familie, nicht ein Volk! Aber als Volk zog Israel aus Ägypten. Sein Befreier und Führer war Mose. In der Steppe, wohin er geflüchtet war, am Berge Sinai oder Horeb, wurde er dazu berufen. Der Gott, der ihn berief, der von da an für alle Zeiten Israels Gott geblieben ist, heisst Jahwe.

Kein ägyptisches Denkmal bezeugt diesen Auszug Israels aus Ägypten; aber ist er geschichtlich, so kann er nicht wohl anders als im 13. Jahrhundert vor Christo, etwa um 1250, angesetzt werden. Denn von den Städten Pithom und Ramses, bei deren Bau Israel Frohndienste leisten musste[3]), ist die erstere in unseren Tagen wieder aufgedeckt, und dabei ist der sichere Nachweis geliefert, dass sie von Ramses II., dem Grossen, zwischen 1300 und 1250, gegründet ist, demselben also, dessen Namen die zweite Stadt trägt. Zudem ist Ramses II. der letzte der Pharaonen, der Palästina mit seinen Heeren durchzogen und unter fester Herrschaft gehalten hat: erst nach seiner Zeit blieb Kanaan mehrere Jahrhunderte lang von grossen Invasionen verschont. Erst von da an wurde Israel, soweit wir zu sehen vermögen, die Möglichkeit geboten, festen Fuss im Lande zu fassen und sein Volkstum gegenüber den älteren Einwohnern zu behaupten. So hat man in Ramses II. den Pharao der Unterdrückung, in seinem Sohne Mernephtah I. den Pharao des Auszugs erkennen müssen.

Aber gerade dagegen scheinen die neuesten Entdeckungen Einspruch zu erheben. Vor zwölf Jahren ist in Tell-el-Amarna in Mittelägypten ein Fund gemacht worden, der auf die Geschichte und die Kultur Vorderasiens im zweiten Jahrtausend v. Chr. ein ganz überraschendes Licht warf. Bei der Ausgrabung der um 1400 v. Chr. erbauten Residenz des ketzerischen Königs Amenophis IV. hat man u. a. auch das königliche Archiv, im ganzen wohlerhalten, aufgefunden[4]). Unter den rund dreihundert Aktenstücken in Gestalt von Thontafeln, die es enthielt, fand sich eine grosse Anzahl von Briefen kleiner kanaanitischer Stadtkönige, die merkwürdiger Weise in babylonischer Sprache und Schrift mit ihrem Oberherrn, dem Könige von Ägypten, verkehren, darunter auch sieben Briefe des Königs Abd-chiba von Jerusalem[5]). Alle diese Briefe aus Jerusalem erbitten des Pharao eilige Hilfe gegen das kriegerische Volk der Chabiri, das in Kanaan eingefallen ist und das Land der Macht Ägyptens zu entreissen droht. Von ähnlichen Gefahren berichten auch die meisten der übrigen Briefe aus Kanaan und Phönicien. Lautet der Name der Angreifer dort anders, so glaubt man doch auch dort auf Grund gewisser Eigentümlichkeiten der babylonischen Keilschrift das gleiche Volk der Chabiri finden zu dürfen. Und diesen Namen setzt der glücklichste unter den Entzifferern dieser schwierigen Urkunden, und mit ihm andre Fachleute, gleich dem Namen „Hebräer", mit dem im Alten Testament Israel seitens andrer Völker, besonders der Philister und Kanaaniter, bezeichnet wird[6]). Der Schluss daraus lautet: Also hat Israel nicht erst um 1250, sondern schon um 1400, längst vor Ramses dem Grossen, Kanaan mit bewaffneter Hand erobert und sich darin festgesetzt; der ganze ägyptische Aufenthalt samt dem Auszug unter Mose ist ein Märchen und nichts weiter[7]).

Dieser Ansicht hat das Jahr 1896 scheinbar noch eine Stütze hinzugefügt. Denn in der Hauptstadt Theben selbst ist ein Denkstein aufgefunden worden, auf dem König Merneptah I., eben der „Pharao des Auszugs", von dem wir hörten, in Hieroglyphenschrift seine Siege verherrlicht. Unter den besiegten Völkern und Städten findet sich zum ersten Male in einer ägyptischen Inschrift auch der Name Israel, und zwar, wie viele der besten Kenner meinen, derart, dass das Volk schon in Kanaan müsste ansässig gewesen sein. Auch danach wäre also die Einwanderung in Kanaan erheblich früher anzusetzen, und der Aufenthalt in Ägypten liesse sich kaum mehr als geschichtlich halten.

Aber mit beiden Funden ist es gegangen, wie das bei neuen Entdeckungen so leicht geschieht: man hat in der ersten Erregung und Freude weit über das Ziel hinausgeschossen. Zunächst ist die Erwähnung Israels auf dem Merneptahstein so unbestimmt, und vor allem seine damaligen Wohnsitze so wenig gewiss, dass die verschiedensten Möglichkeiten offen bleiben. Das Volk Israel kann nach seinem Auszug in der an Ägypten angrenzenden Wüste lagern, und dort hätte Merneptah noch einen kriegerischen Zusammenstoss mit ihm gehabt, den er zum grossen Siege aufbauscht. Daneben aber ist selbst das nicht ausgeschlossen, dass eben der Exodus, von dem Israel erzählt, uns in Merneptah's Stele als ein Sieg des Pharao entgegentritt. Und mit diesen beiden Deutungen sind die Möglichkeiten noch so wenig erschöpft, dass es vorläufig geraten erscheint, aus der Stele Merneptah's gar keine Schlüsse zu ziehen[8]).

Ob der Name Chabiri in den Tell-el-Amarna-Briefen sich wirklich mit dem alttestamentlichen Namen „Hebräer" deckt, bleibt äusserst ungewiss[9]). Thut er es wirklich, so ist damit noch gar nichts bewiesen. Denn „Hebräer" ist kein Eigenname Israels; nie haben die Israeliten sich selbst so benannt[10]). Der Name bedeutet vielmehr „die Jenseitigen", wahrscheinlich „die von jenseit des Jordan Gekommenen"; denn von den Bewohnern Kanaans werden die Israeliten den Namen erhalten haben. Im Laufe der Jahrhunderte aber brachen viele fremde Völker und Stämme über den Jordan in Palästina ein. Deshalb können recht wohl nacheinander verschiedene Völker bei den Kanaanitern denselben Namen „die Jenseitigen" getragen haben, ehe er endlich an den Israeliten haften blieb. Bezeichneten doch die alten Deutschen alle fremdsprachigen Völker, die ihnen nach Süden oder Westen zu entgegentraten, als Welsche, ob sie nun in Italien oder Gallien, in Grossbritannien oder in der Wallachei an den Donaumündungen wohnten. Doch nehmen wir einmal an, die Chabiri der Tell-el-Amarna-Tafeln wären wirklich die Israeliten gewesen, oder die späteren Israeliten hätten einen Teil von ihnen ausgemacht. Selbst dann wäre der Schluss, dass Israel sich damals, um 1400 schon, in Kanaan niedergelassen hätte, dass also der Aufenthalt in Ägypten nur auf einer Sage beruhte, voreilig und unzulässig. Denn das lesen wir in jenen Briefen nicht, dass es den Chabiri gelungen wäre, sich in Kanaan festzusetzen. Recht wohl könnte der Pharao, um die lästigen Eindringlinge unschädlich zu machen, ihren tapfersten Stämmen Weideland in den Grenzbezirken Ägyptens angewiesen haben, damit sie ihm als Grenzwächter gegen ihresgleichen dienten[11]). Und so könnten die Nachkommen derselben Chabiri oder Hebräer, die uns unter Amenophis IV. in Kanaan begegnen, unter Ramses II. in Ägypten Ziegel gestrichen haben und unter Merneptah ausgezogen sein, um aufs neue in Kanaan einzubrechen.

Über alle Anfechtungen erhaben bleibt doch das Selbstbewusstsein Israels, dass seine Väter aus ägyptischer Knechtschaft durch ihres Gottes Hilfe der Freiheit der Steppe wiedergegeben und aus ihr in ihre bleibenden Wohnsitze geleitet wurden. Das bezeugen nicht nur die geschichtlichen Quellen, sondern auch die ältesten Propheten setzen es als unumstössliche Wahrheit voraus[12]). Es wäre unbegreiflich, wie ein freies Volk seinen Vätern den Makel schimpflicher Knechtschaft sollte aufgedrückt haben, ohne dass dem Wahrheit zu Grunde läge. Nur das Eine mag offen gelassen werden, ob es das ganze Volk Israel war, das in die ägyptische Knechtschaft geriet, oder Joseph allein, der nach der Erzählung der Genesis dahin verkauft wurde; das will nach der alten Bedeutung des Begriffes „Haus Joseph" sagen, die Stämme Ephraim und Manasse nebst dem Stamme Benjamin, der sich nach der richtigen Deutung von Gen. 35 erst in Kanaan von seinen Verwandten loslöste. Diese letztere Möglichkeit hat viel für sich; doch würde es hier zu weit führen, wollte ich die Gründe dafür darlegen[18]). — Nicht darin also beruht die Bedeutung der neuen Ausgrabungen, dass sie die israelitische Überlieferung zu nichte machten, sondern darin, dass sie ihre Möglichkeit erweisen und den Hergang vorstellbar machen. Die Tell-el-Amarna-Briefe zeigen uns zunächst, dass Angriffe nomadischer Stämme auf das Kulturland Kanaan am Mittelmeer im zweiten Jahrtausend v. Chr. wiederholt vorkamen. Sie zeigen ferner, dass Kanaan eine hochkultivierte Bevölkerung beherbergte. Längst wussten wir aus den ägyptischen Kriegsberichten, dass sie Weizen, Wein, Öl und andere köstliche Erzeugnisse in Masse dem Boden abzugewinnen verstand, dass sie Edelmetall, künstlich geschmiedete Waffen und kostbare Geräte besass. Aus den neuesten Funden haben wir gelernt, dass ihre Fürsten und Beamten sich sogar der Schreibkunst bedienten und in fremder Sprache und Schrift einen politischen Briefwechsel mit dem Hofe des Oberkönigs führen konnten. Sie beweisen aber endlich, dass die Bewohnerschaft, politisch zerrissen, militärisch verweichlicht, unselbständig durch lange Unterthänigkeit, schon damals dem nachdrücklichen Angriff kräftiger Wüstenvölker keinen Widerstand zu leisten vermochte. Das sind genau die Verhältnisse, wie wir sie für die Einwanderung Israels vorauszusetzen haben, und wir lesen nun dessen eigene Erzählungen mit ganz andern Augen.

Nicht minder haben uns ägyptische Denkmäler gezeigt, dass die Aufnahme nomadischer Stämme in das Weideland der Grenzbezirke gar nichts Unerhörtes war[14]). So wird auch Israel dort der Einlass gestattet worden sein. Spätere kraftvolle Pharaonen werden sich das Recht genommen haben, bei grossen Bauten in jenem Bezirke auch unter diesen freien Söhnen der Wüste Frohnpflichtige auszuheben, so wie das unter den Landeskindern selbst laut zahlreicher Urkunden geschah. So konnte leicht der Zustand, vor allem aber das Gefühl der Knechtschaft entstehen, von dem Israel zu berichten weiss. Es war zweierlei, die ägyptischen Grenzbefestigungen mit behördlicher Erlaubnis zu passieren, wie es beim Einzug geschehen, und es gegen den Willen der Behörden zu thun, wie es nun nötig war, wenn man die Freiheit der Steppe wiedergewinnen wollte. Kein Wunder also, dass sich die Erinnerung daran als an die That, die dem Volke eigentlich sein Dasein gab, unaustilgbar dem Gedächtnis der kommenden Geschlechter eingeprägt hat.

Die Ehre dieser That hat Israel jederzeit seinem Gott Jahwe, und ihm allein, zuerkannt. Er hat den flüchtigen Mose berufen und zu seinen Brüdern nach Ägypten zurückgesandt; er hat ihn durch Wunder beglaubigt und, als der Pharao wankelmütig wurde, den Auszug durch schwere Plagen erzwungen. „Mit starker Hand und mit ausgerecktem Arm" hat er Israel geschützt, hat es das Schilfmeer trockenen Fusses durchschreiten lassen und das Heer der Ägypter in seinen Fluten vernichtet. Dass ein Volk seinem Gott die Ehre giebt, ist selbst uns noch nicht fremd geworden, und niemand wird darin einen Beweis der Unglaubwürdigkeit erkennen. Die Erzählung würde deshalb den Stempel des Wunders **selbst dann tragen**, wenn sie unmittelbar nach dem Geschehenen aufgezeichnet wäre. Aber sehr mit Unrecht behauptet die spätere kirchliche Überlieferung, dass Mose selber den Bericht über diese Ereignisse geschrieben habe. Die älteren der Quellenschriften, die in diesen Büchern verarbeitet sind, wurden vielmehr erst vier und fünf Jahrhunderte nach ihm so niedergelegt, wie wir ihre Reste besitzen[15]). Dass bis dahin vollends alle Einzelzüge der Überlieferung das Gepräge des Wunders angenommen hatten, versteht sich bei einem antiken Volke ganz von selbst. Das wirklich Erstaunliche und Befremdliche liegt ganz anderswo, als wo man es zu finden pflegt. Die Überlieferung behauptet nämlich, es sei **nicht Israels eigner Gott** gewesen, der die grossen Thaten vollbracht habe, sondern ein ihm bis dahin gänzlich unbekannter, dessen Namen sogar Israel zum ersten Male erfahren habe. Erst durch die Befreiung aus Ägypten habe er sich Israel zu seinem Volke erworben und es sich zu bleibender Verehrung verpflichtet.

Der Bericht über diese Zeit im Buche Exodus setzt sich aus drei Quellenschriften zusammen. In zweien von ihnen, den Quellen E und P der wissenschaftlichen Analyse, weiss Mose selber im Augenblick der Berufung nicht, wie denn der Gott heisse, der ihn zu seinen Brüdern nach Ägypten sendet. Bei E (Ex. 3, 13 f.) fragt er geradezu: „Wenn ich nun zu den Kindern Israel komme und zu ihnen sage „der Gott eurer Väter hat mich zu euch gesandt" und sie fragen mich „was ist sein Name?" was soll ich ihnen dann sagen?" Und darauf nennt ihm Gott seinen Namen Jahwe[16]). Die Quelle P liebt Fragen der Menschen an die Gottheit nicht, sie lässt (Ex. 6, 2 ff.) die einfache Offenbarung dafür eintreten. „Ich bin Jahwe", so redet Gott Mose an. Aber damit weiss Mose noch keineswegs genug, was doch der Fall sein müsste, wenn Jahwe schon bisher Israels Gott gewesen wäre. Vielmehr fährt der sich offenbarende Gott unmittelbar fort: „Ich bin Abraham, Isaak und Jakob als Gott der Allmächtige (*El schaddai*) erschienen, aber mit meinem Namen Jahwe habe ich mich ihnen nicht zu erkennen gegeben." Also das Volk Israel, das in Ägypten schmachtet, hat Jahwe bisher überhaupt noch nicht gekannt, das dient vielmehr den Götzen, wie eine dieser beiden Quellen ausdrücklich feststellt[17]). Die Patriarchen nur, die Stammväter Israels in längst vergangenen Zeiten, haben ihn verehrt, aber ohne seinen Namen zu kennen. Und wie ernst das beiden Quellen ist, geht daraus hervor, dass sie in ihrer ganzen Darstellung, von der Schöpfung der Welt und von den Patriarchen an, den Namen Jahwe hier zum ersten Male gebrauchen, während sie früher nur von Gott oder von Gott dem Allmächtigen reden. Nun macht aber der Eigenname die

Person, nicht nur der Menschenkinder, sondern auch der Götter, so lange die Menschen an eine Vielheit von Göttern glauben. Ist also der Name neu, so ist es auch der Gott selbst. Und umgekehrt, seinem Gotte dienen, ohne ihn mit einem Eigennamen zu benennen, nur unter dem Begriffsworte „Gott", so wie wir es thun, das setzt die Erkenntnis voraus, wie wir sie eben haben, dass es nur einen wahren Gott Himmels und der Erde giebt. Erst eine spätere Zeit, die sich vor dem Gedanken scheute, dass der Dienst des wahren Gottes nicht von jeher in Israel heimisch gewesen wäre, hat schon den Erzvätern in uralten Zeiten diese tiefe Erkenntnis zugeschrieben. Ja, diese Erzväter selbst sind in Wirklichkeit nichts als die rückwärtige Spiegelung des Volkes Israel, des Israel, wie es hätte sein sollen, in die graue Vorzeit. Kein Volk kennt in Wahrheit den leiblichen Vater, von dem es abstammt, weil Völker überhaupt nicht durch Abstammung von demselben Vater entstehen, sondern durch Zusammenschluss von Geschlechtern und Stämmen. Diese Erkenntnis nimmt der ganzen Patriarchengeschichte zwar die geschichtliche Wirklichkeit, nicht aber den inneren Wert und die psychologische Wahrheit. Es würde zu weit führen, sie hier im einzelnen zu begründen. Doch darf man es glauben, dass sie nicht ein Fündlein neuerungssüchtiger, leichtsinniger Scheinwissenschaft ist, sondern das Ergebnis reiflichen Nachdenkens und immer wiederholter Prüfung. Wir werden auf die Frage, wie die Erzählungen von den Patriarchen entstanden sind, in der III. Vorlesung zurückkommen. So bleibt von jener Überlieferung nur das Eine übrig, dass der Gott, der Israel aus Ägypten führte, ihm bis dahin fremd gewesen war. Dass die Väter ihn so oder so gekannt, ist geschichtsphilosophischer, beschönigender Zusatz.

Wer, wessen Gott war er denn? Wiederum eine Frage, die für den Buchstabenglauben gar nicht aufzuwerfen ist. Es war eben der wahre, der einzig wahre Gott, der allwissende, allmächtige, allgegenwärtige, der Mose aufsuchte, wo er ihn gerade fand. Und weil dieser wahre Gott Jahwe heisst, konnte er dem Mose keinen anderen Namen nennen. Aber das lässt sich doch durch den Buchstaben selbst widerlegen. Denn als Jahwe Mose im brennenden Dornbusche erscheint, lautet sein erster Befehl (Ex. 3, 4 f.): „Tritt nicht herzu, ziehe deine Schuhe von deinen Füssen, denn die Stätte, darauf du stehest, ist heiliger Boden." Heiliger Boden, weil Jahwe dort wohnt. Denn es ist der „Berg Gottes", wohin Mose die Schafe getrieben hat (Ex. 3, 1), derselbe Berg Gottes Horeb oder Sinai, auf dem Jahwe später während der Gesetzgebung im Wolkendunkel thront (Ex. 19), auf dem Mose allein vierzig Tage bei ihm weilt, um seine Gebote in Empfang zu nehmen (Ex. 24, 18). Israels neuer Gott bleibt in seines Volkes Überzeugung an diesen Ort gebunden. Denn als Israel vom Sinai aufbrechen muss, um seine Wanderung fortzusetzen, da ist seine stets erneute angstvolle Frage, ob wohl sein neuer, mächtiger Gott es begleiten werde, und nach langem Verhandeln muss es sich begnügen, dass der Engel Jahwes mit ihm zieht, während Jahwe in seiner Heimat bleibt[18]). Als Israel später in Kanaan ansässig geworden ist und unter der Führung Debora's und Barak's die Entscheidungsschlacht gegen die Kanaaniter im Kisonthale schlägt, da muss Jahwe von seinem Wohnsitze auf dem Berge Sinai durch die Lüfte herbeifahren, um seinem Volke den Sieg zu verleihen (Richt. 5, 4 f.); und noch drei Jahrhunderte später pilgert der Prophet Elia zum Berge Gottes Horeb, um Jahwe in seiner Behausung aufzusuchen (I. Kön. 19). Wir haben es also nach Israels eigener Anschauung nicht mit dem allgegenwärtigen einzigen Gotte Himmels und der Erde zu thun, sondern mit einem Gotte, der örtlich gebunden ist, der eben dort wohnt, wo Mose ihn findet. Ist so die Frage, wem dieser Gott gehört hat, wohlberechtigt, so ist sie ebendamit auch schon beantwortet. Der Gott vom Sinai wird von demjenigen Volke verehrt worden sein, das in seinem Gebiete am Sinai wohnte. Nun findet ihn Mose, während er die Schafe seines Schwiegervaters Jethro, des Priesters von Midian, weidet. Er kann sie nirgends geweidet haben als in dem Weidebezirke des Stammes, dem sein Schwiegervater angehörte, als dessen Haupt er wohl zu denken ist. Denn die Steppe ist keineswegs herrenlos, sondern jeder Nomadenstamm kennt recht wohl sein Gebiet, und wehe dem Stamm, der in das eines andern hinübergreift. Es ist also der Gott des Stammes, dem der aus Ägypten flüchtige Mose durch seine Heirat sich angeschlossen hat, der Berggott vom Horeb, der ihm erscheint und ihm verheisst, seine Brüder aus Ägypten zu führen.

Dass dieser Schluss richtig ist, dafür fehlt es keineswegs an Zeugnissen. Der Stamm, bei dem Mose eine Zuflucht gefunden, und mit dem er durch Einheiraten verwandt geworden ist, führt anderwärts den Namen der Keniter[19]). Dies wird dem umfassenderen Namen Midianiter gegenüber der engere sein, sodass die Keniter ein Stamm des Volkes der Midianiter waren. Hobab nun, der Schwäher Mose's, wird von diesem, als das Volk Israel vom Sinai aufbricht, inständig gebeten, ihr Führer durch die Wüste zu sein (Num. 10, 29 ff.). Er giebt endlich den Bitten nach, begleitet Israel, zieht samt seinem Stamme mit Israel in Kanaan ein und erobert sich in Gemeinschaft Judas ein Gebiet im tiefsten Süden, wo er das gewohnte nomadische Leben fortsetzt (Richt. 1, 16). Noch unter Saul wird dieser Wohlthat der Keniter dankbar gedacht (I. Sam. 15, 6), und David gewinnt den Stamm vollends zum engsten Anschluss an Juda (I. Sam. 30, 29, vgl. 27, 10). Das wäre nicht möglich, wenn die Keniter nicht ebenfalls Jahwediener gewesen wären, wie Israel selbst. Und wirklich gewinnt in der Deboraschlacht, von der schon die Rede war, die Keniterin Jael den Preis der höchsten Tapferkeit im Streite für Jahwe (Richt. 5, 24 ff., vergl. 4, 17 ff.). Als im Jahre 842 v. Chr. Jehu das dem Dienste des Baal ergebene Königshaus Ahab's stürzt und ausrottet, da finden wir Jonadab den Sohn Rechab's, als strengsten Eiferer und anerkannte Autorität für reinen Jahwedienst (II. Kön. 10, 15f.). Noch zweihundertundfünfzig Jahre später, bei der ersten Belagerung Jerusalems durch

Nebukadnezar, treffen wir seine Nachkommen, die Rechabiten, als eine Sekte, fast einen Orden, von ganz eigentümlicher, strenger Lebensweise. Nur durch Meiden des Weines und des Ackerbaues, durch Wohnen in Zelten statt in Häusern, meinen sie nach dem Gebote ihres Stammvaters Jonadab Jahwe, dem Gott der Wüste, wohlgefällig leben zu können (Jer. 35). Diese Rechabiten aber waren, wie ihr Stammbaum uns belehrt (I. Chr. 2, 55), ein Zweig der Keniter, des Stammes, dem Mose's Weib angehörte.

Es ist klar, dass, was wir an jenen Stellen aus den verschiedensten Zeitaltern von den Kenitern vernehmen, über einen blossen Auch-Jahwismus weit hinausgeht. Alles spricht vielmehr dafür, dass sie den Dienst Jahwes nicht nachträglich angenommen haben, sondern sich bewusst sind, die eigentlichen, die echten, die ersten Verehrer Jahwes gewesen zu sein. Dafür giebt es noch einen mittelbaren Beweis. Ausser den beiden Quellenschriften, die uns berichten, dass Israel Jahwe erst durch Mose am Sinai kennen lernte, giebt es, wie schon erwähnt, noch eine dritte. Es ist die älteste und ursprünglichste; man nennt sie J, d. i. die jahwistische, weil sie ganz harmlos den Namen Jahwes als des wahren Gottes von Erschaffung der Welt an, und so auch von Abraham, Isaak und Jakob gebrauchen lässt. Das erklärt sich aus ihrer Heimat. Denn sie stammt, anders als die beiden übrigen, aus dem Süden, aus dem Lande Juda, dem sich die Keniter eng angeschlossen hatten. Sie ist es vornehmlich, die von den Kenitern zu erzählen weiss, sie hat auch über die alten Zeiten kenitische Überlieferungen. Und eben weil die Keniter nicht wie Israel Jahwe erst unter Mose angenommen, sondern seit unvordenklichen Zeiten als ihren Gott verehrt haben, darum weiss es auch die judäische Quelle nicht anders. Sie sieht in der Berufung Mose's nur eine neue Offenbarung des alten Gottes. Die andere alte Quelle aber, E, d. i. die elohistische, die bei den Josephstämmen des Nordreiches zu Hause ist, kann eben deshalb, weil Joseph der eigentliche Gefangene in Ägypten war, nicht vergessen, wie die Dinge sich in Wirklichkeit zugetragen haben. Sie weiss und bezeugt daher, dass Jahwe für Israel ein ganz neuer Gott war, sie bezeugt auch, dass Mose's ausländische Verwandte ihn früher verehrt haben, als Israel selbst.

Hören wir die ausdrückliche Bestätigung des Dargelegten aus der grundlegenden Erzählung der Quelle E in Ex. 18. Als Jethro, Mose's Schwiegervater, vernimmt, dass Jahwe Israel glücklich aus Ägypten herausgeführt hat, da zieht er Mose entgegen an den Berg Gottes und führt ihm sein Weib und seine beiden Knaben zu. Und als ihm nun Mose erzählt, wie sich alles zugetragen hat, da freut er sich sehr und ruft aus: „Gepriesen sei Jahwe, der euch aus der Macht der Ägypter befreit hat; nun weiss ich, dass Jahwe grösser ist als alle Götter!" Man hat das meistens so gedeutet, dass Jethro, der Heide, nun in Jahwe, dem Gott Israels, den wahren Gott erkenne und ihm huldige. Aber das gerade Gegenteil ist richtig: er giebt vielmehr seiner stolzen Freude Ausdruck, dass sein Gott, der Gott der Keniter Jahwe, sich mächtiger erwiesen hat als alle anderen Götter. Denn es heisst weiter: „Da brachte Jethro, der Schwiegervater Mose's, Gott Brandopfer und Schlachtopfer dar, und Aaron und alle Ältesten Israels kamen herzu, um mit dem Schwiegervater Mose's das Mahl vor Gottes Angesicht einzunehmen." „Gott" ist hier Jahwe; denn es redet die Quelle, die bis hieher stets den Namen „Gott" gebraucht hat und ihn auch ferner noch bevorzugt. An dem Dienste eines anderen Gottes dürften sich ohnehin die Vertreter Gesamtisraels nicht beteiligen. Das Mahl, das vor seinem Angesicht eingenommen wird, ist das heilige Opfermahl, das bei jedem Gemeinschaftsopfer der alten Zeit, bei jedem Schlachtopfer, gehalten wurde[20]). Dieses Opfer aber wird verrichtet nicht von Aaron, noch von Mose, sondern von dem Keniter. Er ist also der Priester Jahwe's, und wir wissen jetzt, wie wir seinen Beinamen „der Priester Midian's" zu verstehen haben. Er ist der Priester des Gottes Jahwe bei dem Volke der Midianiter, oder genauer ausgedrückt der Keniter, das diesem Gotte dient. Nicht er wendet sich also einem neuen Gotte zu, sondern Israel tut es, in der Person Aaron's und aller Ältesten Israels, die hier zum ersten Male in ihrem Leben an einem feierlichen Jahweopfer teilnehmen. So erklärt sich auch, warum sie genannt werden, Mose's Name aber dabei fehlt. Als Verwandter der Keniter, als Beisass ihres Stammes, hat er längst zuvor an dem Jahwedienste teilgenommen und bedarf nicht mehr der Aufnahme in seine Gemeinschaft. Wohl aber bedürfen deren Aaron und die Ältesten Israels, als die Vertreter des befreiten Volkes, das Jahwe seinen Dienst gelobt hat.

Hier vollzieht sich in nüchternem Geschichtsbericht, in einer Gestalt, die ethnologisch und religionsgeschichtlich durchaus nichts Wunderbares darbietet, was die Propheten und Geschichtschreiber Israels später die Bundschliessung Israels mit Jahwe und Jahwe's mit Israel nennen. Nüchtern geschichtlich ausgedrückt ist dieser Bund nichts anderes als ein Bündnis Israels mit dem Nomadenstamme der Keniter am Sinai, das die Annahme ihrer Religion, des Jahwedienstes, zur selbstverständlichen Bedingung hatte und in sich schloss. Aber richtig heisst dies Bündnis in der alttestamentlichen Überlieferung ein Bund Israels nicht mit den Kenitern, sondern mit Jahwe. Denn Israel hatte die Bekanntschaft des Gottes früher gemacht als die des Wüstenstammes, der ihm diente. Durch Mose's Predigt war es in Ägypten schon für ihn gewonnen worden und hatte gelobt sich seinem Dienste zu weihen, ehe es an das Bündnis mit den Kenitern gedacht hatte. Wir haben also als geschichtlich wohlbeglaubigte und durch viele spätere Zeugnisse gestützte Tatsache anzuerkennen, dass Israel, zugleich mit seinem Auszug aus Ägypten und mit dem Beginn seiner Geschichte als eines geschlossenen Volkes, sich einer neuen Religion, dem Dienste Jahwe's, des Berggottes der Keniter am Sinai, zugewandt hat[21]). Es ist das älteste Beispiel des Übertritts, der Bekehrung zu einer anderen Religion, das wir kennen[22]).

Sehen wir zu, zunächst was dieser Übertritt damals bedeutete, sodann, was für Keime in ihm schlummerten, die sich erst in der Zukunft entfalten sollten.

Das Israel von damals hatte nur einen Wunsch und ein Ziel, die Befreiung aus der Knechtschaft in Ägypten. Wenn es sich zu dem neuen Gotte Jahwe bekehrte, so geschah dies, weil es der Predigt Mose's Glauben schenkte, dass Gott im stande und willens sei, ihm seinen Wunsch zu erfüllen. In Mose war diese Überzeugung zuerst gereift. Sie erschloss sich ihm während der Einsamkeit in der Steppe, bei den Herden, wo auch Mohammed seine Offenbarungen empfing. Wie wir uns die Offenbarungen vermittelt denken, die Mose zum begeisterten Apostel dieses Berg- und Steppengottes umschufen, tut gar nichts zur Sache. Doch haben wir alle Ursache anzunehmen, dass die jahrhundertelange mündliche Überlieferung hier wie anderwärts den Hergang immer mehr von innen nach aussen verlegt hat. Genug: Mose und das Volk, das ihm glaubte, trauten dem Berggotte vom Sinai grosse Taten, kriegerische Macht zu, und zugleich den Willen, sie zu Israels Heil zu entfalten. Und sie täuschten sich nicht; denn wirklich gelang unter seinem Zeichen die Befreiung vom ägyptischen Joch. Und als Kriegsgott bewährte sich Jahwe auch fernerhin. Dem tragbaren Heiligtum der Bundeslade, das Israel weiterhin durch die Wüste begleitete, dem nach des Volkes Glauben Jahwe in wunderbarer Weise innewohnte, wurde bei jedem Aufbruch des Lagers zugesungen: „Erhebe dich, Jahwe, dass deine Feinde zerstieben, und die dich hassen, fliehen vor deinem Angesicht" (Num. 10, 35). Und wirklich überwindet Israel alle Feinde, es erobert das Ostjordanland, es dringt siegreich in Kanaan ein. Als es später zum ersten Male von den Philistern geschlagen wird, holt es die Bundeslade in sein Lager. Die Philister selbst geraten darüber in Schrecken: „Ihr Gott ist zu ihnen ins Lager gekommen: wehe uns, wer wird uns vor diesem furchtbaren Gott erretten, der die Ägypter geschlagen hat" (I. Sam. 4, 7 f.). Noch unter David zieht die Bundeslade als bester Helfer mit ins Feld (II. Sam. 11, 11. 15, 24 ff.). Die Heere Israels sind Jahwe's Heere (I. Sam. 17, 26 u. s. w.), seine Kriege die Kriege Jahwe's (I. Sam. 25, 28): kurz ein Kriegsgott vor allem andern bleibt Jahwe dem alten Israel auf Jahrhunderte hinaus.

Und das ist begreiflich genug, denn er führt die schrecklichste Waffe, den Blitz. Im Gewitter erscheint er zur Gesetzgebung am Sinai (Ex. 19.), im Gewitter fährt er herbei zur Deboraschlacht (Richt. 5, 4 f.), im Gewitter offenbart er sich dem Elia am Horeb, (I. Kön. 19, 11 ff.), nachdem er durch seinen Blitz das Opfer Elia's auf dem Karmel entzündet hat (I. Kön. 18, 38); im Gewitter lassen ihn auch dichterische Schilderungen sich offenbaren, so in Ps. 18 und Hab. 3. Verwandt sind der brennende Dornbusch bei der Berufung Mose's, die Feuer- und Wolkensäule, die den Zug Iraels durch die Wüste begleitete. Der Blitz heisst Feuer Jahwe's, auch

Jahwe's Pfeile, der Donner Jahwe's Stimme. Der Regenbogen in den Wolken ist der Bogen Jahwe's, mit dem er seine Pfeile, die Blitze, abgeschossen hat, und den er nun gnädig zur Seite stellt. Jahwe's Herrschaft über das Gewitter erklärt sich aus seinem Wohnen auf dem Sinai. Denn um die Häupter der Gebirge südlich von Palästina sammeln sich die Gewitter, da sind sie zu Hause, während Palästina selbst ein gewitterarmes Land ist. Was Wunder, dass dem in die Wüste geflüchteten Mose die frohe Überzeugung aufging, dass der Berggott, der dort über den Gewitterwolken thronte, der rechte sei, um sein Volk aus der Gewalt der Ägypter zu erlösen!

Was also der Übertritt Israels zum Jahwedienste damals bedeutete, das liegt offen vor unseren Augen: es brauchte einen kriegsgewaltigen Gott und fand ihn hier. So blieb Jahwe auch fernerhin der Volksgott des geeinten Israels, von dem man vor allem in nationalen Nöten kriegerischen Beistand erwartete. Und wirklich wusste sein Engel Gideon zu finden, als Israel unter dem Druck der Midianiter seufzte (Richt. 6, 11 ff.), und die Eltern Simsons, als man der Hilfe gegen die Philister bedurfte (Richt. 13, 2 ff.). Er fuhr durch die Lüfte einher, um sich in der Deboraschlacht im Gewitter herabzustürzen (Richt. 5, 4 f. 20 f.), damit die Streitwagen Kanaans in dem aufgeweichten Boden stecken blieben und die fliehenden Krieger in den Wogen des angeschwollenen Kisonbaches ihren Tod fänden. Er begeisterte Saul, das Volk zum Kampfe gegen die Ammoniter zu zwingen und das Joch der

Philister abzuschütteln (I. Sam. 11, 6); und an dem Rauschen der Baumwipfel sollte David erkennen, dass Jahwe vor ihm her in die Schlacht ziehe (II. Sam. 5, 24). Das ist der Jahwe der alten Zeit.

Aber wie verhält sich dazu der Gott, in dessen Namen die Propheten predigen: der Gott des Rechts und der Gerechtigkeit, der sittlichen Reinheit und Heiligkeit, des Erbarmens und der Liebe? Der Gott, der sein eignes Volk verwirft und den Heiden den Sieg giebt, weil jenes gesündigt hat? Der Gott Himmels und der Erden, der endlich durch das Evangelium Jesu Christi die ganze Menschheit lehrt, ihn als Vater anzurufen, im Glauben an ihn die Welt zu überwinden und ewiger Seligkeit in seinem Reiche gewiss zu sein? Fanden wir dort den Berggott eines Nomadenstammes, an die Scholle gebunden, im Gewitter sich offenbarend, den Vorkämpfer seines Volkes allen Feinden gegenüber, so haben wir es hier mit dem höchsten Gottesbegriff zu thun, den die Welt kennt, mit dem Gott einer ethischen, universalen Religion, neben dem es keinen andren giebt. Der Name ist der gleiche geblieben, der Inhalt ein ganz andrer geworden. Wie erklärt sich das?

Mit Recht hat man den Keim dazu schon in den ersten Anfängen gesucht. Es muss nur auch auf die richtige Weise geschehen. Hier ist nichts damit gedient, wenn man in dem Eigennamen Jahwe durch sprachliche Ableitung und Übersetzung allerlei tiefsinnige und erhabene Bedeutungen nachweist, sei es der Ewige, sei es der wahrhaft Seiende, oder was man sonst vorgeschlagen hat. Eines alten Eigennamens Bedeutung zu bestimmen, ist immer sehr schwer, und in unsrem Falle spricht mindestens soviel für die Bedeutung „der da niederwirft oder vernichtet", als für jene andren. Und doch ist auch dafür ein ausreichender Grad von Wahrscheinlichkeit nicht zu erlangen.

Andre haben den bequemen Weg der Postulate eingeschlagen. Man hat einfach postuliert, die Religion Jahwe's habe eben im Unterschiede von andren einen tiefen sittlichen Zug gehabt. Oder, mehr persönlich gewendet, Mose sei ein Mann von genialer religiöser Begabung gewesen, die ihn befähigt habe, die Jahwereligion mit ethischem Inhalt zu erfüllen, sodass den Propheten nur die Aufgabe blieb, diesen zu voller Entfaltung zu bringen. Mit allen solchen Annahmen wird nichts erklärt. Denn das eine steht von vornherein fest: Jahwe ist der Gott eines rohen Nomadenstammes in der Wüste gewesen. Die Virtuosen des Jahwedienstes, die kenitischen Rekabiten, halten noch in später Zeit Ackerbau und ansässiges Leben für unvereinbar mit der Treue gegen Jahwe. Und auch Israel, das aller Wahrscheinlichkeit nach erst damals aus einer Reihe unter sich verwandter Stämme zu einem Volke zusammenschmolz, war ein Nomadenvolk. Wohl war es in Ägypten mit einer höheren Kultur in äussere Berührung getreten, aber deren Annahme hatte es mit Widerwillen abgelehnt. Hätte die neue Religion, der es sich zuwandte, dieser Kulturstufe nicht entsprochen, so hätte man sich ihr vielleicht äusserlich

zuwenden können, aber sie wäre nicht von langer
Dauer gewesen und hätte sich nicht so zäh allen
anderen Einflüssen gegenüber behauptet. Und was
wir an Äusserungen Jahwe's und an religiösen Sitten
in der ältesten Zeit mit Sicherheit beobachten, ent-
spricht nur gar zu gut dem rohen, finsteren Bilde,
das wir nach den Beobachtungen der vergleichenden
Völkerkunde und Religionsgeschichte von den Religionen
semitischer Nomadenstämme entwerfen können [28]). Der
heilige Bann, durch den eroberte Städte mit allem,
was in ihnen lebt, der Vernichtung anheimfallen,
Schlachtung von Menschen an heiliger Stätte, Tier-
opfer, bei denen das ganze Tier, ganz oder halbroh,
zwischen Sonnenuntergang und Sonnenaufgang restlos
verschlungen wurde: das und manches andre sind
Erscheinungen, die sich mit einer hochstrebenden
ethischen Religion nur gar zu schlecht reimen wollen.

Man hat weiter auf Mose's Gesetzgebung hingewiesen. Unter seinem Namen ist uns bekanntlich
eine ganze, ausführliche Gesetzgebung überliefert,
bürgerliches Recht und Strafrecht, Kultusgesetz und
Kirchenrecht, sittliches und sociales Recht in ver-
schiedenem Umfang in sich schliessend. Nur kann
diese Gesetzgebung nicht von ihm abstammen. Denn
schon in ihren ältesten Schichten setzt sie ein ange-
sessenes, ackerbautreibendes Volk voraus, und das ist
Israel erst nach Mose's Tode geworden. Erst nachdem Israel geraume Zeit in der neuen Heimat gelebt,
auf dieser neuen Stufe der Kultur umfassende Erfahrungen gesammelt und insbesondere die rechtlichen

Verwickelungen und Schwierigkeiten kennen gelernt hatte, die diese veränderte Lebensweise mit sich brachte, kann diese Gesetzgebung entstanden sein. Dass sie jetzt auf Mose's Namen geht, ist durchaus nicht verwunderlich. Denn er, der Begründer und Retter des Volkes Israel, dem es seine nationale Existenz und seine Religion verdankte, galt dadurch für alle Zeiten als der einzige Gesetzgeber. Alles, was in Israel zum herrschenden Brauche wurde, musste mit seiner Aufnahme in das geschriebene Gesetz auf Mose zurückgeführt werden, weil es erst dadurch Gesetzeskraft erhielt. Tritt uns doch das Beutegesetz, das nach dem unmissverständlichen Zeugnis des Samuelbuches (I, 30, 22 ff.) von David zuerst eingeführt ist, im Buche Numeri (31, 25 ff.) ganz harmlos und ohne jede Erläuterung als mosaisches Gesetz entgegen. —

Man hat, nach Preisgabe alles Übrigen, wenigstens die zehn Gebote, das mosaische Sittengesetz, für diese älteste Zeit retten wollen. Damit wäre freilich, da die zehn Gebote alle ihre Forderungen aus dem Wesen des Gottes Israels herleiten, schon für die älteste Zeit ein so erhabener Gottesbegriff bewiesen, dass den Propheten kaum mehr etwas zu tun übrig blieb. Genügt das schon, um die Überlieferung ihres mosaischen Ursprungs zu widerlegen, so sind die zehn Gebote für das älteste Israel auch ebenso unmöglich wie überflüssig. Die Sitte innerhalb eines nomadischen Stammes ist durch das Gefühl der Blutsverwandtschaft von selber geregelt und wird durch strenge patriarchalische Zucht geschützt. Besonderer Gebote bedarf es dafür nicht. Ein allgemeines Verbot aber des Totschlags und Diebstahls über die Grenzen des Stammes hinaus ist für diese Kulturstufe geradezu undenkbar, von andrem ganz zu geschweigen.

Kam man so überall vor verschlossene Thüren, so hat man sich endlich, und das gilt gerade von den berufensten Vertretern meines Faches in der Gegenwart[24]), geflüchtet zu der alten Überlieferung, dass Mose in Jahwe's Namen Recht sprach, und dass die heilige Rechtsprechung auch sonst in der alten Zeit manche Spuren hinterlassen hat. Diese Überlieferung besteht allerdings, ja gerade hierin war wiederum nach Ex. 18 Jethro der Keniter Mose's erfahrener Lehrer. Er gab ihm Ratschläge, wie er die zu gross gewordene Last der heiligen Rechtsprechung sich erleichtern sollte. War also Jahwe, so schliesst man, der Gott des Rechts, d. i. der Gerechtigkeit, so hat sich aus diesem Keime weiterhin der sittliche Gottesbegriff mit seiner Forderung der Heiligkeit entfaltet, so wie die Propheten ihn predigen. Das ist ein recht kühner Übergang, ein wahrer *salto mortale*, der nichts beweist, als die verzweifelte Lage, in der man sich befindet. Denn Recht und Sittlichkeit sind himmelweit verschiedene Dinge. Wohl kann sich die Sittlichkeit zu ihrem äusserlichen Schutze das Recht schaffen oder das bestehende modeln; aber niemals umgekehrt das Recht die Sittlichkeit. Und mache man sich doch klar, um was es sich bei antiker Rechtsprechung handelt, und wie sie sich vollzog. Es galt im Falle eines Verbrechens den Täter zu ermitteln oder zu überführen, im Falle eines Streites über Mein und Dein die Entscheidung zu finden. Beides leistete Jahwe; aber wodurch? Nicht durch sittliche Ergründung und Belehrung, sondern durch einen Orakelspruch, der durch ein heiliges Los herbeigeführt wurde. So geschah es noch Jahrhunderte später (vgl. I. Sam. 14, 38 ff.), so wird es auch aus Mose's Zeit berichtet (vgl. Ex. 22, 6 ff., auch Jos. 7, 16 ff.). Jahwe ist dabei durchaus nicht die Quelle sittlicher, sondern lediglich verstandesmässiger Erkenntnis: er, der Gott, weiss, was Menschen verborgen ist, und teilt sein Wissen durch das Orakel mit. Solche Orakel vollends spendeten die Götter der Heiden, der Moabiter und Ammoniter, der Philister und Aramäer, und wie sie alle heissen, ebensogut wie Jahwe: jedes Volk suchte das Recht bei seinem Gott. Und doch haben sich ihre Religionen nicht zu ethischen ausgewachsen, sondern sind geblieben, was sie waren, und mit den Völkern selbst ins Grab gesunken.

So sind alle Versuche, den Keim zu der ethischen Ausgestaltung der Jahwereligion in dem stofflichen Gehalt des von Mose vertretenen Gottesbegriffs nachzuweisen, gründlich gescheitert. Es wird sich nun lohnen, zu untersuchen, ob nicht statt des Was? das Wie? eine bessere Ausbeute gewährt. Wie ist Israel zu seiner Religion gekommen? Es hat sich am Sinai einer rohen Nomadenreligion zugewandt, einer Religion, die an sich nicht höher stand als die anderer Stämme von gleicher Kulturstufe. Es diente fortan demselben

Gott wie der Stamm der Keniter, zu dem Mose's Weib gehörte. Aber das lateinische Sprichwort sagt mit Recht: Wenn zwei dasselbe thun, so ist es nicht dasselbe. Denn darin bestand von Anfang an ein wesentlicher Unterschied zwischen Israel und den Kenitern, dass diese, wie zahllose andre Stämme und Völker, ihren Gott seit Menschengedenken, von jeher gehabt hatten, Israel aber sich in freiem Entschluss zu ihm hinwandte und ihn erwählte. Jene dienten ihrem Gott, weil sie es eben nicht besser wussten, weil er mit ihnen blutsverwandt und unlöslich verwachsen war, weil sein Dienst zu den notwendigen, fast unwillkürlichen Lebensäusserungen des Volkes einmal gehörte. Das gilt noch von ihren fernen Nachkommen, den Rechabiten zur Zeit Jeremia's. Israel aber diente Jahwe, weil er sein Wort gehalten, weil er sich durch eine unschätzbare Wohltat Israel zum Eigentum erworben hatte, weil es ihm dafür Dank und Treue schuldete und nur durch solches Verhalten auch fernerhin sein Wohlergehen sichern konnte. So wurden hier bei dem Übertritt selbst im Herzen des Volkes Tugenden ausgelöst und ferner wachgehalten. Hatte der Dienst Jahwe's selbst keinen ethischen Gehalt, so hatte diesen doch das Verhältnis zu ihm, und alles Weitere musste sich daraus ergeben. Man sehe sich um, wie äusserlich der Gottesdienst der alten Naturreligionen zu sein pflegt: wie nachlässig, wie zudringlich, wie trotzig der Naturmensch mit den ihm angestammten Göttern zu verkehren pflegt [25]). Israel trat am Sinai einem ihm bisher unbekannten Gotte gegenüber, von dem es aber soviel durch Erfahrung wusste, dass er ein mächtiger, ein gewaltiger Gott war, der helfen konnte, wenn er wollte. Mit Zagen und Scheu musste es seinen Dienst aufnehmen, immer im Zweifel, ob es die Tiefen seines Wesens auch ergründet hätte, ob sein Tun auch Jahwe's Wohlgefallen fände und als ausreichender Beweis der Treue gelten könnte. So oft es dem Volke übel erging, lag es ihm fern zu glauben, dass Jahwe nicht die Kraft habe zu helfen. Jedesmal erwachte vielmehr das Gewissen zu der Frage: Womit habe ich die Ungnade Jahwe's verdient, was muss ich tun, um mich seiner Gnade und Hilfe von neuem zu versichern? So entstand eine wirklich lebendige Kraft, die weiterwirken konnte und musste.

Ob die Wirkungen dieser Kraft von Dauer sein, ob sich durch diese ethischen Antriebe eine eigentlich ethische Religion entfalten sollte, das hing freilich von den weiteren Führungen Israels ab. Es hätte ja am Sinai eine behagliche, dauernde Heimat finden, es hätte sich mit den Kenitern in die Weideplätze friedlich teilen und das alte Nomadenleben in voller Urwüchsigkeit wieder aufnehmen können. Sicherlich wäre dann seine neu angenommene Religion nach wenig Jahrhunderten von jeder beliebigen Naturreligion nicht mehr zu unterscheiden gewesen, und das Volk Israel samt seinem Gotte Jahwe wäre untergegangen und verschollen wie Moab mit seinem Kemoš, wie die Philister mit ihrem Dagon, und unzählige andere.

Gott hat es anders gewollt. Er hat Israel durch

immer neue Wechselfälle immer weiter geführt, er hat durch immer neue Erfahrungen und Prüfungen jene ethische Kraft wachgehalten. Immer wieder besann man sich auf Jahwe als den Helfer, und auf die Pflicht der Dankbarkeit und Treue, auf deren Grund allein man seiner Hilfe gewiss sein konnte. So stiegen langsam aber stetig die Forderungen, die man in Jahwe's Namen an das eigene Gewissen richtete, sie stiegen mit der eigenen Kultur und sittlichen Erkenntnis. Dass das nicht ein Naturprozess war, dass gewaltige Geister, selbst aus diesem Gärungsprozess emporgestiegen, selbst von Gott getrieben und erfüllt, tief eingegriffen und immer neue Antriebe gegeben haben, versteht sich von selbst, und wir werden ihrem Wirken ebenso wie den wunderbaren Führungen Gottes in den folgenden Vorlesungen begegnen. Aber der Keim zu dem allen ist am Sinai eingesenkt. **Israels Religion ist darum eine ethische geworden, weil sie eine Wahlreligion, keine Naturreligion war; weil sie auf einem Willensentschluss beruhte, der ein ethisches Verhältnis zwischen dem Volke und seinem Gotte für alle Zeiten begründete.**

## Anmerkungen zur ersten Vorlesung.

¹) Ich gebrauche die Namensform Jahwe nicht bloss oder hauptsächlich deshalb, weil sie, soweit wir zu urteilen vermögen, die ursprüngliche Aussprache darstellt, sondern weil sie für unsre geschichtliche Untersuchung Vorteile zu bieten scheint. Die Namensform „Jehovah" und ihre Stellvertreterin „der Herr" bedeuten für uns den einen, ewigen Gott, in welchem keine Veränderung ist; hier aber haben wir es mit den alten Anschauungen des Volkes Israel von der Gottheit zu tun, Anschauungen, die von anfänglicher Rohheit allmählich immer reiner und erhabener wurden, bis sie durch die neutestamentliche Offenbarung auf die Höhe erhoben wurden, wie wir sie fassen und bekennen. Daran wird uns der alte Name Jahwe stets erinnern. Die Aussprache „Jehovah" wurde übrigens im Anfang des 16. Jahrhunderts von einem Mönche unfreiwillig erfunden, weil er mit den Lesevorschriften der Überlieferung unbekannt war.

²) Es handelt sich hier um eine gesetzmässige Folge von Erkenntnisstufen auf allen Gebieten der Geschichtswissenschaft. Die erste setzt Überlieferung und Geschichte gleich und nimmt auf Treu und Glauben an, was die erstere bietet, ohne es auf seine Möglichkeit zu prüfen. Die zweite vollzieht diese Prüfung und wirft, nachdem sie sich überzeugt hat, dass die Dinge so in Wirklichkeit nicht verlaufen sein können, die Überlieferung als Erdichtung fort. Sie behilft sich ohne sie und fängt ihren Geschichtsbericht erst da an, wo augenscheinlich zuverlässige Quellen zu fliessen beginnen. Die dritte erst giebt sich die Mühe, der Überlieferung ihre Geheimnisse abzufragen, sie recht verstehen zu lernen, und gewinnt so aus der Überlieferung ihren geschichtlichen Kern. Als schlagendes Beispiel für diesen Hergang mag die Behandlung der Geschichte der klassischen Völker angeführt werden. Auch für die alttestamentliche Geschichte geziemt uns heute nicht mehr die erste noch die zweite Stufe, sondern nur noch die dritte.

³) Ex. 1, 11.

⁴) Vgl. die beste Veröffentlichung des Fundes durch H. Winckler, Schrader's Keilinschriftliche Bibliothek. Band V.

⁵) Die Namensform **Urusalim** liefert den Beweis, dass die Stadt in alter Zeit nicht **Jebus** oder **Salem** hiess, wie späte Stellen des A. T. (Richt. 19, 10 f. I. Chr. 11, 4 f. Gen. 14, 18) uns glauben machen könnten.

⁶) H. Winckler, Geschichte Israels in Einzeldarstellungen, Teil I, 1895, S. 18 ff.

⁷) Es darf nicht verschwiegen werden, dass nicht alle, die Israel mit den Chabiri gleichsetzen, oder doch zu ihrer Zeit einwandern lassen, den letzten Schluss billigen. Fr. Hommel erklärt neuestens Amenophis II. (circa 1461—1436) für den Pharao des Exodus. Vgl. The Expository Times, Februar 1899, S. 210 f., März S. 278. Auf der anderen Seite ist es wohlbekannt, dass die Geschichtlichkeit des Aufenthalts in Ägypten wiederholt bezweifelt worden ist, ehe die Briefe von Tell-el-Amarna und die Merneptah-Stele entdeckt waren.

⁸) Vgl. dafür besonders die eingehende Behandlung der Inschrift von A. Wiedemann, **La stèle d'Israel et sa valeur historique**, Le Muséon, Loewen, XVII, 1898, p. 89—107; auch meinen Aufsatz „Israel in Ägypten", Deutsches Wochenblatt IX, 1896, S. 806 ff.

⁹) Die Gleichsetzung wird u. a. verworfen von George A. Reisner, Journal of Biblical Literature, XVI, 1897, S. 143 ff.

¹⁰) Stellen wie Gen. 40, 15. Ex. 1, 19. 21, 2 u. s. w. widersprechen dem nicht, vgl. Stade-Siegfried, Hebr. Wörterb., S. 480.

¹¹) Man vergleiche z. B. die Ansiedlung der Ostgoten im Oströmischen Reiche zu Anfang der Völkerwanderung.

¹²) Vgl. Am. 2, 10. 3, 1. 9, 7, auch 5, 25; Hos. 2, 17. 8, 13. 9, 3. 11, 1. 5. 12, 10. 14. 13, 4.

¹³) Es könnten sogar einzelne Stämme zweiten Ranges erst in Kanaan selbst sich an Israel angeschlossen haben. Ich denke an den Stamm Ascher, wenn wirklich der Name Ascher auf ägyptischen Denkmälern des 13. Jahrhunderts diesen Stamm bezeichnet. Vgl. W. Max Müller, **Asien und Europa nach altägyptischen Denkmälern**, 1893, S. 236 ff. Freilich ist bei solchen Gleichsetzungen die äusserste Vorsicht geboten; z. B. zeigt von den angeblichen Äquivalenten der Namen Jacob und Joseph (Jaʽkob-el und Joseph-el), vgl. W. Max Müller a. a. O. S. 162 ff. und Eduard Meyer in ZATW 1886, 1 ff. 1888, 42 ff., nur der erstere eine ausreichende Übereinstimmung der Konsonanten, und selbst damit ist noch keine Sicherheit geboten.

¹⁴) Vgl. W. Max Müller, a. a. O., S. 35 ff. 135, obgleich zuzugeben ist, dass beide Beispiele den Fall Israels nicht völlig decken.

¹⁵) Vgl. dafür jede auf wissenschaftlicher Grundlage ruhende Darstellung der Litteraturgeschichte des Alten Testaments, vor allen Dingen Emil Kautzsch's gemeinverständlichen Abriss der Geschichte des alttestamentlichen Schrifttums, 1897.

¹⁶) Lies in 14ᵇ יהוה statt אהיה, eine unbedingt notwendige Verbesserung, weil die 3. Person des Verbums sich nur mit der 3., nicht mit der 1. Person im Subjekt verträgt.

¹⁷) E in Jos. 24, 14.

¹⁸) Ex. 23, 20. 32, 34. 33, 1—3. Die Fortsetzung zeigt nur, wieviel Schwierigkeit dieser alte Glaube Israel in späterer Zeit bereitete.

¹⁹) Vgl. vor allem Richt. 1, 16.

²⁰) Vgl. z. B. I. Sam., cap. 1. 2. 9.

²¹) Es mag hier ein für alle Mal festgestellt werden, dass alle wirklichen oder vermeintlichen Nachweise für das Vorkommen des Gottesnamens Jahwe bei andren Völkern und in andren Gegenden an diesem Ergebnis nichts ändern können. Israel hat Jahwe bei diesem Volke, an diesem Orte, zu dieser Zeit kennen gelernt und ist sich stets bewusst gewesen, den Besitz Jahwe's mit niemand sonst zu teilen. Mag das ein Irrtum gewesen sein oder nicht: jedenfalls hat der Jahwedienst nur in Israel und nirgends sonst die Geschichte erlebt, um die es uns hier zu tun ist. Durch sie wird von jetzt an der Jahwe Israels etwas ganz andres als bei irgend welchem andren Volke, mag auch seine Vorgeschichte durch verschiedene Völker hindurch verfolgt werden können. Wir warten also die genaueren Nachweise dafür ohne jede Befürchtung für unsere Grundanschauung ab.

²²) Die II. Vorlesung wird zeigen, wie dieser Übertritt zu verstehen ist.

²³) Vgl. besonders W. Robertson Smith, Die Religion der Semiten, deutsche Übersetzung von R. Stübe, 1899.

²⁴) Kuenen und Wellhausen zeigen den Weg.

²⁵) Vgl. W. Robertson Smith, Die Religion der Semiten, übers. von Stübe, S. 43.

## Zweite Vorlesung.

### Jahwe und seine Nebenbuhler.

Hatte Jahwe Nebenbuhler, konnte er welche haben? Götter, die sich mit ihm in die Macht über Israel teilten, die neben ihm von Israel verehrt wurden? Wenn wir das Gesetz hören, war das nicht möglich. Das erste Gebot des Dekalogs heisst: Du sollst keine andren Götter haben neben mir! und in dem wohl noch älteren jahwistischen Dekalog von Ex. 34 in v. 14: Du sollst keinen andren Gott anbeten! Aber das Verbot beweist noch nicht, dass es befolgt ist. Dicht daneben stehen in Ex. 34 die eindringlichsten Warnungen, sich ja nicht von den Völkern, deren Land Jahwe Israel zum Erbteil geben wird, zum Götzendienste verführen zu lassen. Diese Warnung wird im Deuteronomium immer wiederholt und am Ende des Buches die schwersten Strafen verkündigt, wenn das Volk sich dennoch sollte verführen lassen. Das klingt nicht sehr vertrauenerweckend, wenn man bedenkt, dass diese Gesetzesstellen nicht vor dem Einzug in Kanaan geschrieben sind, sondern viele Jahrhunderte später, nachdem Israel alle die Erfahrungen hinter sich hatte, auf die hier im voraus hingewiesen wird. Und wirklich, wenn wir die Geschichtsbücher fragen, so hat Israel alle Verbote missachtet, alle Warnungen in den Wind geschlagen. Sobald das Geschlecht ausgestorben war, das die Errettung aus Ägypten mit erlebt hatte, verliess Israel seinen Gott Jahwe und diente den Baalen, den Göttern der Völker, die rings herum wohnten (Richt. 2, 11 ff.). Dieselbe Anklage spricht Jahwe Samuel gegenüber aus (I. Sam. 8, 8), und fragen wir die Propheten, so hören wir von Hesekiel (c. 20), dass Israel nie aufgehört hat, den Götzen zu dienen, in Ägypten, in der Wüste, in dem gelobten Lande, das Jahwe ihm zum Eigentum giebt. Nur durch immer neue Züchtigungen und immer neue Gnade hat Jahwe das Volk zu sich zurückgerufen und bei sich erhalten; sonst wäre es von seinen Anfängen an rettungslos verloren gegangen.

Dennoch hätten wir, wenn die Dinge ganz so lägen, wie sie uns in diesen Stellen geschildert werden, kaum Ursache uns eingehender mit diesen Nebenbuhlern Jahwe's zu beschäftigen. Denn verliess man Jahwe, indem man jenen diente, verliess man sie wieder, wenn man sich zu Jahwe bekehrte, so hatte doch Israel auf die Dauer keinen Teil an ihnen. Es warf sie ab, wie man ein Kleid abwirft, und mit ihnen alles, was auf ihren Dienst Bezug hatte. Man erkannte seine Sünde und wandte fortan grösseren Fleiss daran, Jahwe rein zu dienen, bis endlich die Zeit herankam, wo der unverfälschte Jahwedienst, ganz so wie Mose ihn begründet hatte, ungefährdet durch äussere Einflüsse, zur Alleinherrschaft gelangte. Aber in Wirklichkeit haben sich die Dinge anders zugetragen. Der Jahwedienst der späteren Zeit war nicht mehr derselbe, den Israel in der Wüste von den Kenitern übernommen hatte, und dazu hatte der Dienst der „andern Götter" wesentlich mitgewirkt. Nicht vertrieben und vernichtet hatte Jahwe sie, sondern sich unterthänig gemacht, sie der eigenen Persönlichkeit beraubt, indem er sie in sein Wesen aufnahm. Davon sagt uns freilich weder das Gesetz, noch die Geschichtserzählung, noch die Propheten das Geringste, und dennoch lässt es sich nachweisen, und alle diese Quellen müssen uns ihre Beiträge dazu liefern.

Das Wesen eines dem Leben, nicht bloss dem Gedanken, angehörenden Gottes erkennt man aus dem Dienste, der ihm gezollt wird. Die grundlegende kultische Forderung, die Jahwe in Ex. 23 und Ex. 34 an Israel stellt, ist die einer dreimaligen Festfeier im Laufe des Jahres. „Dreimal im Jahre sollst du mir ein Fest feiern. Das Fest der ungesäuerten Brote sollst du halten. Sieben Tage sollst du ungesäuerte Brote essen, wie ich dir befohlen habe, zur Zeit des Ährenmonats . . . Und das Fest des Schnittes, der Erstlinge deines Ackerbaues und deiner Aussaat. Und das Fest des Herbstes am Ausgang des Jahres, wenn du deinen Ertrag vom Felde einherbstest." Das alles sind Ackerbaufeste, das der ersten reifen Ähren, im wesentlichen der Gerstenernte, das der vollendeten Kornernte, des Weizenschnitts, sieben Wochen später, und das der Wein- und Obsternte im Herbst. Auch in den späteren Gesetzgebungen, in Dtn. 16, Lev. 23, Num. 28, treten sie als Ackerbaufeste deutlich hervor.

Aber was hat Jahwe mit dem Ackerbau zu thun? War er nicht der Gott der Steppe, der zeltenden Nomadenstämme, und muss nicht alles, was ursprünglich zu seinem Dienste gehört, im Leben des Nomaden seinen Ursprung und seine Stelle finden? Man wird einwenden, dass man ihn als den mächtigen Gott kennen gelernt hatte, der selbst den Ägyptern überlegen war; dass man die feste Überzeugung hegte, er werde auch des neuen Landes mächtig sein, das er Israel schenken wollte; dass es also das Selbstverständlichste von der Welt war, wenn er seine Gesetze und seinen Dienst den Verhältnissen dieses neuen Landes anpasste, auch wenn man ihm in der Wüste noch keine Erstlingsgarbe und Erstlingsbrote darbringen konnte. Ob sich Israel über sein Leben im Lande Kanaan schon in der Wüste viel Gedanken machte, ob Gesetze für die Zukunft wie diese wahrscheinlich sind, mag dahingestellt bleiben. Aber wenn Jahwe im voraus über die Früchte des Ackerbaus im gelobten Lande verfügt, so muss er sich als dessen Herren fühlen, so muss er den Boden durchdringen und segnen, der diese Früchte spendet. War dies die Überzeugung Israels, als es in Kanaan eingezogen war? Lange Zeit hindurch sicherlich nicht, denn wir haben gesehen, dass man Jahwe nicht in Kanaan wohnend dachte, sondern nach wie vor auf dem Sinai, in der Steppe; dass er nur in Ausnahmefällen von dort herbeikam, in menschlicher Gestalt als Wanderer, oder durch die Lüfte im Gewitter; dass man ihn noch spät am Horeb - Sinai selbst aufsuchte, wenn man sicher sein wollte, ihn zu finden (I. Kön. 19).

Aber zu diesem negativen Zeichen tritt der positive Beweis. Nicht alle in Israel waren überzeugt, dass diese Feste Jahwe gehörten, nicht alle können sie mitgefeiert haben. Ich denke an die Rekabiten, die Nachkommen des Jonadab, ben Rekab, mit denen Jeremia während der ersten Belagerung Jerusalems i. J. 597 zusammentraf (Jer. 35). Seit zweihundertundfünfzig Jahren beobachten sie streng ihres Ahnherrn Gebot, keinen Wein zu trinken, keinen Samen auszusäen, weder Weinberge noch Äcker zu besitzen, kein Haus zu bauen noch darin zu wohnen. Die Verheissung, die ihnen daraufhin geworden ist, lautet, dass sie lange leben sollen auf dem Boden des Landes, auf dem sie Gäste sind. Man empfindet es, Jeremia teilt ihre Überzeugungen nicht. Er behandelt dies alles lediglich als Satzungen ihres Ahnherrn, nicht als allgemein verbindliche Gebote Jahwe's. Aber dieser Ahnherr ist uns wohlbekannt; wir wissen aus II. Kön. 10, dass er ein Eiferer für reinen und ausschliesslichen Jahwedienst war, der Jehu zur Seite stand, als er den Baaldienst in Israel ausrottete. Er hatte also seine Satzungen sicherlich in Jahwe's Namen gegeben. Er muss ebenso fest geglaubt haben, dass nur mit ihrer Befolgung ein wahrhaft reiner und strenger Jahwedienst gesichert sei, wie dass nur Jahwe im stande sei, die Verheissung zu erfüllen, die daran geknüpft ist. Soll man nun annehmen, dass diese Rekabiten sich an die Festgebote des Gesetzes werden gehalten haben? Dass sie im Ährenmonat die Erstlingsgarben darbrachten und sieben Tage lang ungesäuertes Brot assen, dass sie zu Pfingsten das Fest der beendigten Getreideernte feierten und im Herbste das Fest der Weinlese oder, wie es anderwärts heisst, der Tenne und Kelter? Daran ist gar nicht zu denken. Den Wein haben sie verabscheut, Brot mögen sie nicht verschmäht haben, wenn sie in die Lage kamen es einzutauschen; aber Feste für den glücklichen Erfolg von Tätigkeiten zu feiern, die ihnen im Namen ihres Gottes streng verboten waren, dazu haben sie sich nimmermehr hergegeben. Sie haben sicherlich behauptet, dass diese Feste Jahwe nicht gehörten, dass sie ein fremder Dienst wären. Wer weiss, ob sie sie nicht Götzendienst nannten, wie Luther die römische Messe. Und es gab eine Zeit, wo sie darin nicht allein standen. Das erfahren wir etwa hundert Jahre nach Jonadab, etwa hundertundfünfzig Jahre vor Jeremia's Zusammentreffen mit den Rekabiten, durch den Propheten Hosea. Er lässt das Israel seiner Zeit sagen: „Ich muss meinen Buhlen nachgehn, die mir mein Brot und mein Wasser, meine Wolle und meinen Flachs, mein Öl und meinen Trunk (d. i. meinen Wein) schenken (2, 7)." Diese Buhlen aber sind nach v. 14f. die Baale, die Götter Kanaans, ihnen nachgehen heisst nichts anderes als Götzendienst treiben. Wenn nun Israel glaubt, dass es ihnen Korn und Wein und allen sonstigen Ertrag des Landes verdankt, so hat es sicherlich auch ihnen und nicht Jahwe die Feste gefeiert, die den Dank dafür abstatteten und aus dem Segen des Ackerbaus die schuldige Abgabe darbrachten.

Das will nicht sagen, dass Mazzen-, Pfingst- und Laubhüttenfest damals überhaupt noch keine Jahwefeste waren, dass also die Festgesetze von Ex. 34. 23 zu Hosea's Zeit noch nicht bestanden. Im Gegenteil: Jahwe belehrt sie in v. 10 durch des Propheten Mund, dass aller dieser Segen nicht von den Baalen, sondern von ihm stamme, dass daher der Dienst, den sie jenen darbringen, ihm gebühre. Aber weite Kreise Israels waren sich zweifellos damals noch bewusst, diese drei grossen Feste nicht Jahwe, sondern dem Baal zu feiern. Und wenn ihnen der Prophet das Gegenteil als etwas neues bringen muss, so haben jene Kreise jedenfalls die alte Überlieferung für sich. Hundert Jahre früher, als Jonadab ben Rekab lebte, werden noch viel grössere Kreise jene Überzeugung geteilt haben. Eben deshalb hat er seinen Nachkommen Ackerbau und Weinzucht verboten, weil sie, auch seiner Überzeugung nach, Götzendienst notwendig im Gefolge hatten. Man kann daher in allem Ernste zweifeln, ob um 850 die ältesten Festgesetze des Exodus schon geschrieben waren. Ein Jonadab jedenfalls hätte offenen Einspruch gegen sie erhoben.

Aber selbst Hosea weiss, dass jene Feste nicht zum ältesten Jahwedienst gehören. Denn als letztes Mittel, das ungetreue Israel zu bekehren und zu bessern, kennt und verheisst er die Zurückführung in die Steppe. Dort, wo Israel keine Weinstöcke und Feigenbäume hat, soll es wieder Jahwe dienen lernen wie in seinen Jugendtagen und wie zur Zeit, da es aus Ägyptenland auszog (v. 16f.)[1]). Dass man in der Wüste jene drei Erntefeste nicht feiern kann, leuchtet ohne weiteres ein; in demselben Sinne fragt Hosea's Vorgänger Amos (c. 5, 25): Habt ihr mir Schlachtopfer und Gaben dargebracht in der Wüste, vierzig Jahre lang, Haus Israel? Hosea's Schluss ist nicht nur, dass man Jahwe auch ohne sie dienen kann, sondern weit mehr als das: man dient ihm ohne sie reiner, weil man vor Versündigung sicherer ist, wenn man sie nicht feiert.

So sind im Grunde alle Zeugen einig: die blinde Masse des Volkes, die den Baalen dient, weil sie ihnen und nicht Jahwe für die Segnungen des Ackerbaus den Dank zu schulden glaubt; die sektiererischen Puritaner, die den Ackerbau verabscheuen, weil sie überzeugt sind, er werde sie zum Götzendienst verleiten; der Prophet, der Jahwe's Rechte vertritt, insofern er weiss, dass die Wüste einen reineren Jahwedienst gewährleistet als das Fruchtland. Unter solchen Umständen wird die Frage, wie solche neue Einflüsse in den Jahwedienst eindringen konnten, zu einer brennenden und wichtigen. Ihre Beantwortung muss in den Erlebnissen Israels gesucht werden.

Aus der Wüste, wo es seinen Gott Jahwe gefunden hatte, brach das Volk in das Kulturland ein; in dem Lande Kanaan, zwischen Jordan und Mittelmeer, fand es seine eigentliche Heimat; nur wenige Stämme vermittelten im Ostjordanlande den Zusammenhang mit den entfernteren Verwandten Moab und

Ammon und mit der Steppe. Aber auch hier sah die Wirklichkeit ganz anders aus als die Theorie. Nach der letzteren wurde in drei Feldzügen des gesamten Israel unter Josua's Führung ganz Kanaan restlos erobert und unter die Stämme verteilt, die bisherigen Bewohner unerbittlich ausgerottet, und dem zu Sichem versammelten Volke nahm Josua vor seinem Tode noch einmal das heilige Versprechen ab, nur Jahwe allein zu dienen. So das Buch Josua, in schönstem Einklang mit den Verheissungen des Deuteronomium. Die Wirklichkeit lernen wir aus Richter 1 kennen; doch erfahren die wichtigsten Angaben ihre Bestätigung durch eine Anzahl von Stellen, die in das Buch Josua eingesprengt sind[2]). Dort sind die Feldzüge nicht von Gesamtisrael geführt; sondern von Jericho aus hat jede Gruppe von Stämmen mit eigener Kraft ihr Gebiet sich zu erobern versucht. Das Ergebnis ist nichts weniger als vollständig und befriedigend. Wohl gelingt es allen Gruppen, das Gebirge zu ersteigen und sich auf dem Hochlande festzusetzen; aber keine vermag ihr Gebiet ganz zu unterwerfen, und so geht die Volkseinheit Israels, die eben erst in der Wüste errungen war, von neuem verloren.

Im Herzen des Landes, dem späteren Samarien, auf dem Gebirge Ephraim, setzte sich das Haus Joseph fest, der aus Ägypten befreite Kern des Volkes, bestehend aus Ephraim und Manasse und dem jungen Stamme Benjamin im Süden. Aber sie vermochten die Ebene Saron südlich vom Karmel nicht zu bezwingen und also die Meeresküste nicht zu erreichen, ebensowenig die Ebene Jisreel im Norden und die südliche Abdachung des Gebirges Ephraim mit den Thalwegen, die sich von der Küste nach Jerusalem hinaufziehen. „Die Kanaaniter in der Ebene vermochten sie nicht zu vertreiben, heisst es Richt. 1, 19, denn die hatten eiserne Wagen." Sie waren Israel in der Kriegskunst überlegen, ihre Waffen zu furchtbar, ihre Städte zu fest. So legte sich im Norden ein Gürtel kanaanitischen Gebietes von der Küste bei Acco bis zum Jordan, beschützt durch befestigte Städte, Betschean nahe dem Jordan, Jibleam, Taanach und Megiddo in der Kisonebene, Dor am Südfusse des Karmel. Und im Süden erstreckte sich ein ähnlicher Gürtel von Geser auf den äussersten Ausläufern des Gebirges über Ajjalon und Schaalbim einerseits und Bet-Schemesch anderseits hinauf bis Jerusalem, der festesten Stadt Kanaans, die bis auf David's Zeit ihre Unabhängigkeit behauptete. Diese beiden eisernen Gürtel unterbrachen den Zusammenhang und hemmten den Verkehr. Zunächst mit der nördlichen Gruppe der Stämme Isaschar, Sebulon, Naphthali und Ascher, die auf dem Berglande von Galiläa, so gut sie konnten, festen Fuss gefasst hatten. Ebenso aber auch mit dem Stamme Juda, der mit Simeon und den nichtisraelitischen Verbündeten, Kenisitern, Kenitern, Jerachmeelitern, auf dem Gebirge südlich von Jerusalem und in dem Steppenlande des Negeb seine Wohnsitze erobert hatte.

Jede dieser Gruppen hatte vorläufig im eigenen Innern genug zu tun, um den Zusammenhang mit den übrigen nicht zu vermissen. Zufällig wissen wir aus Richt. 9, dass das Haus Joseph auch auf dem Gebirge nicht alle Kanaaniter unterwerfen konnte; denn die Stadt Sichem, in das fruchtbarste Ackerland im Herzen Samariens eingebettet, blieb noch lange Zeit unabhängig. Wie viele ausser ihr, wissen wir nicht. Juda hatte mit dem kriegerischen Volke der Philister in der Meeresebene und auf dem Hügellande viel zu schaffen. Nordwestlich von ihm musste der kleine Stamm Dan sogar den vergeblichen Kampf gegen die vorgefundenen Bewohner aufgeben. Die freiheitliebende Minderheit wanderte aus und suchte sich an den Jordanquellen hoch im Norden ein neues Heim, die Mehrheit beugte sich der Fremdherrschaft (Richt. 17f.). Im Norden vollends wohnten Ascher und Naphthali nach dem vielsagenden Lakonismus von Richt. 1, 32. 33 unter den Kanaanitern, nicht die Kanaaniter unter ihnen, zersplittert also in zahllose Teilchen, in der grössten Gefahr, ihr israelitisches Volkstum zu verlieren und in Kanaan aufzugehen.

An die Stelle des Kriegszustandes mussten überall auf die Dauer Verträge treten; man richtete sich friedlich mit den Kanaanitern ein und gönnte sich gegenseitig das Dasein. Von diesen Verträgen haben wir ausser bei Sichem das beste Beispiel in dem Vertrage mit den Städten Gibeon, Beeroth, Kephira und Kirjath-jearim, die im Kranze westlich um Jerusalem liegen. Wird der Vertrag von der Überlieferung schon auf Josua zurückgeführt (Jos. 9), so ist er sicherlich in Wirklichkeit viel später geschlossen.

Was waren die religiösen Folgen der so umrissenen Zustände? Man hatte in Jahwe's Namen und mit seiner Hilfe die neuen Wohnsitze erobert, und wir wissen, dass man ihn und seinen Dienst nicht aufgab. Das Heiligtum, das man vom Sinai mitgebracht hatte, die Lade Jahwe's, finden wir später in Silo auf dem Gebirge Ephraim wieder (I. Sam. 1—4), unter der Obhut einer Priesterschaft, die es pflegt. Dort wird der Jahwedienst nie gestockt haben. In Bethel offenbarte sich gleich bei der Einwanderung der Engel Jahwe's, und die Folge war, dass man dort Jahwe opferte (Richt. 2, 1. 5b)[3]. So blieb bei dem Hause Joseph das Gedächtnis an die Rettung aus Ägypten durch Jahwe's Hand lebendig. Andrerseits gewann Juda im Süden den Anschluss an den Wohnsitz Jahwe's auf dem Sinai; denn seine Beisassen zelteten in den südlichen Steppen, die sich bis an das Gebirge Se'ir und die Wohnsitze der dort verbliebenen Keniter heranziehen. So wird sich durch diese Beisassen in Juda ein urwüchsigerer Jahwismus ausgebildet und erhalten haben, der Jahwe verehrte, weil er von Urzeiten her der angestammte Gott war. Schlimmer mag es in dem nördlichen Drittel gestanden haben, wo erst in etwas späterer Zeit durch die Wanderung der Daniten der Jahwedienst in dem neuen Heiligtum zu Dan einen festen Stützpunkt gewann[4].

Aber der einzige Dienst Israels konnte der

Jahwismus keinesfalls bleiben. Im Altertum ist jedes Land von einem Gotte beseelt und in eines Gottes Besitz. Handelt es sich um unbewohnte, wüste Strecken, so sucht man dort Geister und Dämonen, unstäte, übelwollende Wesen, vor denen man sich doppelt scheut, weil man nicht weiss, wie man ihnen begegnen soll, und was sie von dem verlangen, der ihren Grund und Boden betritt. Handelt es sich dagegen um bewohntes Land, um Kulturboden, so weiss man ganz genau oder kann es doch erfahren, was die Gerechtsame seines Gottes sind und wodurch man sich dessen Gunst sichern kann. So muss, wer in ein fremdes Land kommt und dort Wohnung nehmen will, dem Gotte oder den Göttern dieses Landes dienen. Das ist die selbstverständliche Überzeugung auch im Alten Testament. Als David auf der Flucht mit Saul zusammentrifft, da verflucht er seine Verleumder, dass sie ihn von der Gemeinschaft mit dem Erbteil Jahwe's vertrieben und gesagt haben: „Gehe hin, diene andren Göttern!" (I. Sam. 26, 19). Er weiss, sobald er in das Ausland geht, muss er dessen Göttern den schuldigen Dienst leisten, und sicherlich ist ihm das bei den Philistern nicht ganz erspart geblieben. Als die Assyrer nach der Wegführung der zehn Stämme fremde Ansiedler nach Nordisrael schicken, da werden die von wilden Tieren schwer geplagt, bis sie sich aus Assyrien einen Jahwepriester verschreiben, der sie die Gerechtsame des Gottes des Landes lehrt und sie unterrichtet, wie sie Jahwe dienen müssen. So dienten sie fortan Jahwe und daneben ein jeder seinen heimischen Gottheiten, und die Plage hörte auf (II. Kön. 17, 25 ff.). Man mag mir antworten, dass die Geschichtlichkeit beider Erzählungen auf unsicheren Füssen stehe, dass namentlich die zweite sehr spät sei. Um so besser; denn um so sicherer beweist sie, dass noch in sehr später Zeit Israel es als das Selbstverständliche ansah, dass man dem Gotte, in dessen Lande man wohne, auch die ihm gebührende Ehre erweisen müsse. *Cujus regio, ejus religio!* das ist der herrschende Grundsatz. Zeigt sich doch diese antike Anschauung noch in den Christen-Verfolgungen des römischen Kaiserreiches. Man musste gewissenshalber vor allem die Soldaten und Beamten zwingen, den Staatsgöttern zu opfern, damit nicht das Gemeinwesen ihrem Zorne verfiele.

Nun waren die Götter Kanaans von Jahwe zwar besiegt, aber nicht vertrieben. Denn Jahwe hatte nicht in Kanaan seinen Wohnsitz genommen, sondern thronte nach wie vor auf dem Berge Sinai, und sein Herrschaftsgebiet war die Steppe. Zudem waren die alten Bewohner wohl geschlagen, sicherlich viele von ihnen getötet; aber sie waren nicht vertrieben noch ausgerottet, sondern lebten unter Israel, zum einen Teil in einer vertragsmässig begrenzten Abhängigkeit, zum andren selbständig und siegreich in der Verteidigung ihres Besitzes. So hatten die alten Götter doch ihre Macht und ihren Besitz verteidigt. Sie bewiesen, dass sie noch am Leben waren, und verlangten von den Einwanderern ihren Dienst. Gerade weil dies die unausweichliche Folgerung aus dem

Weiterleben der Kanaaniter war, begreifen wir es sehr wohl, dass die spätere Geschichtstheorie ganz Kanaan restlos erobert und alle Kanaaniter vertilgt werden lässt. Nur dadurch war die Möglichkeit gegeben, von Israel den ausschliesslichen Dienst Jahwe's zu verlangen.

Aber Israel tat nicht nur den Schritt aus einem Lande in das andre, sondern auch den weit wichtigeren von einer Kulturstufe, einer Lebensweise zu einer andren und höheren. Bisher waren die Israeliten Nomaden gewesen. Mit ihren Herden zogen sie in einem bestimmten Weidebezirke umher, einmal hier, einmal dort ihr Zelt aufschlagend, hier länger, dort kürzer weilend, aber nirgends im Boden wurzelnd. Ihre Nahrung, Kleidung und Wohnung boten die Herden allein; dem Boden hatten sie nichts abverlangt, als was sie vorfanden, wenn sie ihn betraten, das Grün, das ihrem Weidevieh Nahrung bot. Wohl hatten sie, oder doch der Kern des Volkes, in Ägypten höhere Kultur gesehen, aber sie hatten sie nicht gelernt. Der Preis, den sie dafür zahlen sollten, die Aufgabe ihrer Freiheit, war ihnen zu hoch erschienen, und sie hatten aus freier Wahl sich das Leben in der Steppe von neuem erkämpft. Diesen Preis verlangte ihnen Kanaan nicht ab; denn zu freiem Besitze erkämpften sie sich seinen Boden. Aber das Land, das sie betraten, war ein altes Kulturland: Gerste und Weizen, Wein und Öl wurden dort seit uralten Zeiten und in grossen Massen gebaut. Wollte Israel in den engen Wohnsitzen, die es, zwischen die Kanaaniter eingezwängt, sich errang, leben, so musste es wie jene sich von den Früchten des Bodens ernähren. So bequemte sich Israel zur angesessenen Lebensweise und zum Ackerbau und tat damit den wichtigsten Schritt, der auf der Stufenleiter menschlicher Kultur überhaupt getan werden kann. Es gab viel zu lernen, und in allem wurde der Kanaaniter, der Knecht oder der freie Nachbar, Israels Lehrmeister.

Zu den unerlässlichen Arbeiten des Ackerbaus gehörte aber damals nicht nur Düngen, Pflügen, Säen, Schneiden, Dreschen, Beschneiden der Weinstöcke und was man sonst an landwirtschaftlichen Arbeiten aufzählen mag; sondern ebenso notwendig, ja vor allem anderen, der gebührende Dienst des Gottes, der den Segen spendet. Ich sollte damit im Grunde nichts neues sagen; auch wir Christen kennen doch das *Ora et labora!* Aber zwischen unsrer Stellung zu der Sache und der des Israeliten in der neuen Heimat bestehen doch wesentliche Unterschiede. Es ist nicht der irdische Segen in erster Linie, den wir von unsrem himmlischen Vater erflehen, und wir wissen recht gut, dass es Leute unter uns giebt, die ohne Gott irgendwie zu dienen desselben Segens teilhaftig werden. In alter Zeit suchte man den irdischen Segen allein, und der Glaube an die Notwendigkeit des Gottesdienstes zu diesem Zwecke war allgemein verbreitet, sodass niemand daran dachte, sich ihm zu entziehen. Wir beten zu demselben Gott, ob in der alten oder der neuen Welt; ob wir Segen des Ackerbaus oder der Viehzucht, des Handels oder des Gewerbes, oder was es immer sei, erwarten. Der Israelit konnte von seinem Gotte Jahwe keinen Segen des Ackerbaus erwarten, da er ein Gott der Steppe war und über die Güter des Kulturlandes nicht verfügte[5]). Das aber tat der Gott, den der Kanaaniter verehrte, der Baal, d. h. der Besitzer von Grund und Boden. Wir hören es bei Hosea, dass das Volk sich bewusst ist, ihm dienen zu müssen, wenn seine Arbeit Erfolg haben soll; wenn es ernten will, wo es gesät hat. Das hat Israel von seinen kanaanitischen Lehrmeistern gelernt. Die haben ihm, wie zuerst der holländische Gelehrte Land richtig erkannt hat[6]), gesagt, dass alle mühsame Arbeit des Bauern nichts helfen würde, ohne dass dem Baal der aus diesen und jenen Handlungen bestehende Gottesdienst dargebracht würde. Die Sonne würde alles verbrennen, der Bergstrom das Gewächs unter Geröll und Schlamm verschütten, die Aussaat im Boden ersticken, die Heuschrecken alles kahl fressen, Erdbeben die Wohnsitze über den Haufen werfen, wenn man dem Baal nicht die gebührende Ehre erweise. Wer sich diesem Dienste entzog — nehmen wir einmal an, aus Treue gegen einen andern Gott — der würde als Gottesverächter von der Mehrheit dazu gezwungen oder vertrieben worden sein. Denn seine Gottlosigkeit musste die göttliche Strafe über viele Unschuldige mit herabziehen, so gewiss ganz Israel in Jos. 7 unter dem Diebstahl des einen Achan, oder in I. Sam. 14 unter dem Honigessen Jonathans zu leiden hat. So hat Israel als Teil der Kunst des Ackerbaus den Dienst des Baal lernen müssen, und als Hauptbestandteile dieses Dienstes zweifellos auch die Erntefeste, die später als unerlässliche Pflichten eines treuen Jahwedieners erscheinen.

Wir hätten damit eine Bestätigung gewonnen für die Behauptung der Geschichtschreiber wie der Propheten, dass Israel in Kanaan dem Baal dienen gelernt habe, und zugleich eine Entschuldigung Israels für den Götzendienst, für die Untreue gegen Jahwe, deren es sich damit schuldig gemacht hätte. Aber war es denn wirklich Untreue gegen Jahwe, war man sich solcher Untreue bewusst? War es nicht, nach der Überzeugung Israels, Jahwe selber, der Israel in dieses Land geschickt hatte? Und hatte er sich nicht ausdrücklich geweigert, in eigner Person mit in das neue Land zu ziehen? War er nicht in der Steppe geblieben, und hatte er nicht den Baal im Besitze des Landes und seiner Gaben gelassen? Das lehrte der Augenschein, das war die Überzeugung Israels.

Es ist daher im höchsten Grade unwahrscheinlich, dass Jahwe nach dem Bewusstsein des Geschlechtes, das in Kanaan einzog, am Sinai ausschliessliche Verehrung nur seiner Gottheit verlangt hätte. Das ist freilich die einstimmige Überlieferung des Alten Testaments, es ist noch heute die allgemeine Annahme, auch fortgeschrittener Fachleute. Aber mit Entschiedenheit muss ich das Gegenteil vertreten. Nicht als ob ich leugnen wollte, dass Jahwe der einzige Gott des Volkes Israel gewesen sei. So lange das Volk Israel bestanden hat, war Jahwe sein einziger Gott, und so lange es bestehen wird, wird er der einzige bleiben. Aber im Altertum gab es nicht nur Volksgötter, sondern auch Stammes-, Geschlechts- und Hausgötter. Jede gesellschaftliche Einheit hatte ihren besonderen Gott, und es wurde keine Gemeinschaft zwischen Menschen geschlossen, die nicht einer besonderen Gottheit geweiht und unter deren Schutz gestellt wurde. Als also Israel am Sinai aus einer Anzahl von Stämmen zu einem Volke zusammengeschmiedet wurde, indem es zugleich mit den dort zeltenden Stämmen ein Bündnis einging, da musste es diese neue Gemeinschaft einem besonderen Gott unterstellen. Dieser konnte nicht bisher der Gott Gesamtisraels gewesen sein, weil dieses noch gar nicht bestand. Ob nun ein Teilgott Israels, die Gottheit eines Einzelstammes, in diese Stelle einrückte, oder, wie es tatsächlich geschah und geschehen musste, der Gott der Keniter, der auf dem Sinai wohnte: in keinem Falle bestand irgend ein Grund, damit die bisherigen Götter der einzelnen Bestandteile Israels abzuschwören und zu beseitigen. Als die Athener den jonischen Bund gründeten, da wurde der Apollo von Delos der einzige Bundesgott; aber das veranlasste die Athener doch nicht, den Dienst der Pallas Athena oder andrer in Athen verehrter Gottheiten fortan aufzugeben. Behielten sie doch, wie jeder andre Bundesstaat, innerhalb des Bundes auch ihre Selbständigkeit, und nicht minder jede Einzelgemeinschaft, die in Athen oder anderen Bundesstädten bestand. Auch diese konnten ihre Gottheit nicht entbehren und pflegten sie nach wie vor. Ganz ebenso wird es in allem Wesentlichen in Israel zugegangen sein. Man schloss den Volksbund im Namen Jahwe's und mit Jahwe; aber jeder engere Kreis, den dieser Volksbund in sich schloss, diente seiner besonderen Gottheit weiter, wie bisher. Bildeten sich neue engere Kreise, so stand nichts im Wege, oder vielmehr es verstand sich von selbst, dass sie ihren besonderen Dienst neben dem Jahwe's neu aufrichteten. So muss für den Stand der Kultur und der Religion Israels die Schlussfolgerung lauten; haben wir auch tatsächliche Beweise dafür?

Sie sind der Natur der Sache nach dünn gesät, aber doch klar und überzeugend genug. Am längsten haben sich die Spuren eines Hausgottesdienstes erhalten. Die unschätzbare Beweisstelle dafür liefert wiederum die Davidgeschichte. Als Saul's Häscher sein Haus umstellt haben, lässt ihn sein Weib Michal in der Nacht durch das Fenster entkommen. Um die Verfolgung eine Weile aufzuhalten, meldet Michal ihn krank und zeigt den Häschern statt seiner das Teraphim, das sie in das Bett gelegt und ein wenig ausgeputzt hat (I. Sam. 19, 11—17). Es handelt sich zweifellos um ein Stück Hausrat, das in jedem wohlgeordneten Haushalt stets zur Hand war. Und Hos. 3, 4 zeigt, dass noch im achten Jahrhundert die Israeliten völlig daran gewöhnt waren und es nicht entbehren mochten. Nun wissen wir aber aus Gen. 31, 19 und 30, wo Rahel das Teraphim ihres Vaters Laban stiehlt, dass dies ein Gottesbild war; und Hes. 21, 26, wo der König von Babel das Teraphim befragt, nicht minder auch Sach. 10, 2, zeigen, dass man Orakel bei ihm suchte. Ganz undenkbar ist es, dass jemals in Israel ein Jahwebild in jedem Hause gewesen wäre; aber überdies weiss die Überlieferung ganz genau, dass es sich um einen andren Dienst, nach den Begriffen einer späteren Zeit also um Götzendienst, handelt. Das gestohlene Teraphim hat Rahel vor ihrem Vater Laban verheimlicht und behalten. Als nun Jakob nach Kanaan kommt und sich der Stätte nähert, wo Jahwe ihm erschienen ist, befiehlt er seinem ganzen Hause, alle fremden Götter von sich zu tun, sie liefern sie ihm aus, und er vergräbt sie unter der Terebinthe bei Sichem (Gen. 35, 1—4). Unter ihnen ist zweifellos der gestohlene Orakelgott Laban's; denn dieser Abschnitt stammt aus derselben Quelle E, die in c. 31 den Diebstahl berichtet hat. Nun benutzt gerade diese Quelle die Patriarchengeschichte mit Vorliebe, um dem späteren Volke Israel einen Spiegel vorzuhalten, wie es handeln sollte, um Jahwe wohlgefällig zu sein. Abraham hat seinen einzigen Sohn nicht zu kostbar geachtet, um ihn Jahwe zum Opfer darzubringen (Gen. 22). Das ist die rechte Gesinnung, wie sie jeder Israelit haben soll. Aber Jahwe begnügt sich mit der blossen Gesinnung: Menschenopfer will er nicht haben. Das ist eine Belehrung für den missleiteten religiösen Trieb, der Jahwe das Opfer des Erstgeborenen schuldig zu sein glaubte. Ebenso wird in Gen. 35 dem Volke Israel durch seinen Stammvater Jakob die Lehre gegeben, dass es allen andren Gottesdienst hätte ablegen sollen, sobald es den heiligen Boden Kanaans betrat. Aber ebenso gut, wie wir aus Hes. 20, 26 wissen, dass man in der Tat das blutige Opfer des Erstgeborenen für eine von Jahwe gebotene Handlung ansah und es unzählig oft ihm darbrachte, so will auch Gen. 35 nicht sagen, dass Israel in Wirklichkeit seine alten Götter aufgegeben hat, als es aus der Wüste in Kanaan einzog. Vielmehr wird damit im Gegenteil das Ideal der traurigen Wirklichkeit gegenübergestellt.

Es ist sogar in hohem Grade wahrscheinlich, dass das Dasein des Hausgottes im Gesetze selbst, im Bundesbuche[7], anerkannt ist. Dort wird im Sklavengesetz, Ex. 21, 2—6, der Fall behandelt, dass ein Sklave, statt im siebenten Jahre seines Dienens die Freiheit wieder zu erhalten, es vorzieht, bei seinem Herrn zu bleiben und auf alle Zeiten sein Eigentum zu sein. Dann soll ihn, so wird bestimmt, sein Herr zu dem Gotte (zu *dem Elohim*) hinbringen, ihn an die Tür oder an den Pfosten stellen und sein Ohr mit dem Pfriemen durchbohren[8]. Dieser Gebrauch hat nur dann rechten Sinn, wenn es sich um die Tür desjenigen Hauses handelt, dem der Knecht lebenslang gehören will, und das wird in der Tat noch deutlicher gesagt in der Parallelstelle Deut. 15, 17:

„Dann sollst du den Pfriem nehmen und mit diesem sein Ohr an die Tür anheften, damit er auf ewig dein Knecht sei." Aber ganz und gar fehlt dort der Gott; ohne Zweifel deshalb, weil es zur Zeit des Deuteronomium keinen Gott neben Jahwe mehr geben durfte. Man behielt den alten Brauch bei, trotzdem ihm seine religiöse Weihe nun genommen war. Ursprünglich werden hier der Gott und die Tür des Hauses, dem der Knecht gehören will, dicht bei einander gewesen sein; es wird sich hier eben um das Teraphim handeln, und es ist möglich genug, wenn auch keineswegs notwendig, dass in Ex. 21, 6 einst statt *ha-elohim*, der Gott, zu lesen war *hat-teraphim*, das Teraphim[9]). Wir wollen und können uns nicht bei der vielumstrittenen Frage aufhalten, wie das Wort Teraphim abzuleiten sei, und was es bedeute. Aber als höchst wahrscheinlich darf es bezeichnet werden, dass die Sache dem weitverzweigten Gebiete des Ahnen- oder Totenkults angehört, der weithin über Länder und Erdteile, auch in der neuen Welt, die älteste nachweisbare Grundlage der Religionen gebildet hat. Aus diesem Gebiete wird Israel auch Kulte besessen haben, die weitere Kreise, das Geschlecht, den Stamm, umfassten. Wir haben nur vereinzelte und zusammenhanglose Spuren davon. In I. Sam. 20, 6 erwähnt David das Jahresopfer seines Geschlechts in Bethlehem. Man mag annehmen, dass das Opfer damals schon Jahwe, nicht einem vergotteten Heros eponymos dargebracht wurde; aber sicherlich ist es in alten Zeiten anders gewesen.

Von einer Reihe von Ahnen und Geschlechtshäuptern wird uns die Begräbnisstätte mit grossem Nachdruck gemeldet — ich nenne Rahel (Gen. 35), Joseph (Jos. 24, 32), Josua (Jos. 24, 30. Richt. 2, 9); von den sogenannten kleinen Richtern erfahren wir kaum etwas andres als dies (Richt. 10, 2. 5. 12, 10. 12. 15) — man darf sicher sein, dass in alten Zeiten an diesen Gräbern ein Kult verrichtet wurde. Totenbeschwörung und Trauergebräuche schliessen sich diesem grossen Kreise an; der beste Beweis dafür, dass sie einem fremden Gottesdienste angehören, liegt darin, dass sie von der Gesetzgebung ganz oder teilweise streng verboten werden[10]). Die Beschneidung, später, in der Quelle P, das Bundeszeichen Jahwe's, war sicherlich in alter Zeit kein Bestandteil seines Dienstes insbesondere. Denn sie war allen Völkern gemeinsam, unter denen Israel wohnte, die Ägypter nicht ausgeschlossen. Nur die Philister, die von jenseits des Meeres eingewandert waren, heissen die Unbeschnittenen. Die weite Verbreitung dieses Gebrauchs, seine ursprüngliche Bedeutung als Aufnahme des reifen Jünglings in die Kultgemeinschaft der Männer, lassen sich ebenfalls am leichtesten erklären, wenn man ihn dem Ahnenkultus zuweist. Erst spät, als Israel in der Verbannung unter den unbeschnittenen Assyriern und Babyloniern lebte, konnte dieser Gebrauch ein unterscheidendes Merkmal des Jahwedienstes werden[11]).

Ein ganz andrer Kreis fremden Gottesdienstes tut sich uns mit Neumond und Sabbath auf. Sie sind wiederum, wie die drei Ackerbaufeste und die Beschneidung, zu festgewurzelten Bestandteilen des Jahwedienstes geworden. Freilich hat der Neumond[12] später an Glanz eingebüsst, der Sabbath dagegen erstrahlte in immer hellerem Lichte. Aber beide Feste müssen siderischen Ursprungs sein, und da uns für Jahwe jede Möglichkeit der Herleitung aus diesem Gebiete fehlt, so werden wir auch hier auf frühere selbständige Kulte schliessen müssen. Überwiegend siderischer Natur ist vor allem die Religion des Zweistromlandes Babylonien und Assyrien, das seinen Einfluss auf ganz Vorderasien schon im dritten Jahrtausend stark geltend gemacht hat. Auch Israel, sei es in seinem ganzen Umfang, sei es in einem seiner massgebenden Bestandteile, kann ihn erfahren haben.

Leicht begreiflich und weit verbreitet ist die Feier des Neumondtages; ein schweres Rätsel dagegen giebt noch heute der Sabbath auf. Zwar darüber wird ein Zweifel hier wie anderwärts schwerlich bestehen können, dass die siebentägige Woche auf die Siebenzahl der Planeten des Altertums, Sonne, Mond, Mars, Merkur, Jupiter, Venus, Saturn — um ihre römischen Namen zu nennen — zurückgeht. Aber über die Gründe für die Feier gerade des siebenten Tages ist Sicherheit bisher nicht zu erreichen. Verschiedenes scheint zusammengewirkt zu haben. Die gelegentliche Hervorhebung des siebenten, vierzehnten, einundzwanzigsten, achtundzwanzigsten Tages eines Monats, wie wir ihr in Babylonien begegnen, kann auf die Dauer zur regelmässigen Auszeichnung des siebenten Tages geführt haben. Die Bezeichnung gewisser Tage als *šabattu*, die als *dies nefasti* angesehen wurden, sodass man gewisse Tätigkeiten an ihnen vermied, mag den Anlass geboten haben, dass die Feier dieses Tages zur vollkommenen Ruhe wurde, während die ominöse Bedeutung allmählich verloren ging[13]). Aber daneben will der Verdacht nicht schwinden, dass auch der Dienst eines bestimmten Gottes sich damit verbunden hat. Der Sabbath ist in später Zeit dem Saturn geweiht, und gerade von Saturndienst haben wir in Israel eine alte Spur. Keine Kunst der Auslegung oder Punktierung kann aus Am. 5, 26 die beiden assyrischen Namen des Saturn, *Kêwān* und *Sakkût*, beseitigen. Es ist im Lichte der Tatsachen, die hier besprochen wurden, immer noch wahrscheinlicher, dass Amos diesen Saturndienst dem alten Israel während der Wüstenwanderung nachsagt, als dem Israel seiner Gegenwart. Eine leichte Änderung des unmöglichen Wortlauts, der uns überliefert ist, würde ein „Habt ihr nicht euren König Sakkuth und euren Stern Kewan einhergetragen?" herstellen, das diese Aussage enthielte[14]). Dass die Verlegung des Sabbaths je auf den siebenten Wochentag statt auf je den siebenten Tag im Laufe des Monats mit diesem Saturndienste zusammenhängt, ist nicht zu beweisen, aber sehr möglich. Solche siderische Bestandteile konnte Israel freilich auch in Kanaan noch in seinen Kult aufnehmen, da dieses Land mit assyrisch-babylonischer Kultur durchtränkt war. Aber des Amos Wink scheint über Kanaan zurück in die Wüste zu weisen, auch ist bei den Phöniciern von der siebentägigen Woche und dem Sabbath nichts zu verspüren. So bleibt es geratener, auch diesen Kultbestandteil für vorkanaanitisch zu halten und die Keime dazu von den früheren Beziehungen zwischen den Stämmen Israels und dem Zweistromlande abzuleiten[15]).

Alle diese dem Jahwismus fremden kultischen Gewohnheiten oder doch die meisten von ihnen werden beim Einzug Israels in Kanaan noch unvermittelt neben dem Jahwedienst geübt worden sein. Denn der Wüstenaufenthalt seit dem Auszuge aus Ägypten kann nicht genügt haben, sie in Fleisch und Blut des Jahwismus überzuführen; und dass dieser selbst, so wie die Keniter ihn übten, schon eine so zusammengesetzte Grösse sollte gewesen sein, das anzunehmen, haben wir gar keinen Grund. Sicher wissen wir jedenfalls, dass der Hausgottesdienst des Teraphim auch fernerhin geübt wurde, und mit Wahrscheinlichkeit können wir es von allem, was dem Ahnendienste angehört, annehmen.

Unter solchen Umständen lässt sich die Überlieferung, dass Jahwe am Sinai schon den ausschliesslichen Dienst seiner Gottheit Israel zum Gesetze gemacht habe, in keiner Weise aufrecht erhalten. Zugleich aber kann es nun nicht mehr überraschen, dass ein neuer Dienst, der Baaldienst Kanaans, unschwer und ohne das Bewusstsein des Abfalls von Jahwe noch dazu übernommen wurde. Das wurde aber durch einen besonderen Umstand noch sehr erleichtert. Der Baal des inneren Kanaan war kein Volksgott, der eine strenge Herrschaft geübt und ein weites Gebiet umfasst hätte. Das war schon darum unmöglich, weil das Land, wie wir aus den Tell-el-Amarnabriefen wissen, politisch aufs äusserste zersplittert war. Es gab nicht einen Baal, sondern zahllose Baale, und viele Stellen des Alten Testaments, älteren sowohl wie jüngeren Ursprungs, reden daher von einer Mehrzahl, von den Baalen[16]). Jeder Baal besass und beherrschte seinen Gau, soweit eine städtische oder bäuerliche Gemarkung reichte, und was man von ihm erwartete und erbat, das war Fruchtbarkeit des Bodens in diesem Gau, und Fruchtbarkeit von Vieh und Menschen im Gefolge davon. Einem solchen Teilgottesdienst konnte Israel sich hingeben, ohne auf den Volksgottesdienst zu verzichten, und man musste es, wie wir sahen, mit dem Übergang zum ansässigen Leben und zum Ackerbau.

Dieser neue Dienst brachte zweifellos seine Gefahren mit sich. Er war üppig und ausschweifend, Völlerei und geschlechtliche Verirrungen gingen damit Hand in Hand. Wir wissen aus manchen Einzelzügen, besonders aber aus Hosea's Anklagen, dass diese Gefahren an Israel nicht spurlos vorübergingen. Wir wissen aber auch, besonders aus der Geschichte von Noah's Weinbau und der Verfluchung Kanaans (Gen. 9, 20—27), und aus der von der Zerstörung Sodoms und Gomorras (Gen. 18. 19), dass die gesunde und strenge nomadische Sitte sich gegen diese

Auswüchse der Überkultur mit Verachtung aufbäumte und so allmählich eine Überwindung des Gottes Kanaans durch den Gott Israels vorbereitete.

Aber auch an einem Segen dieses Baaldienstes wird es keineswegs gefehlt haben. Ihm werden wir es zu verdanken haben, dass die umfassenderen unter den Sonderdiensten in Israel, Geschlechts- und Stammesdienste, sich verhältnismässig früh verloren haben. Denn da die einzelnen landschaftlich abgegrenzten Gaue Kanaans in der Regel von einem einzelnen Geschlechte oder Stamme werden besiedelt worden sein, so wird der Dienst des Baal, des Gaugottes, diese Geschlechtskulte allmählich aufgesogen und ersetzt haben. Wurde dann der Baaldienst überwältigt, so waren es jene andren zu gleicher Zeit.

So wurde der Baaldienst zum scheidenden Reagens, das, dem krausen Gemisch der Kulte Israels hinzugesetzt, dazu diente, das Unbrauchbare und Störende auszuscheiden und eine neue, weit wertvollere und entwickelungsfähigere Verbindung einzuleiten. Denn der endliche Übergang des Baaldienstes in den Jahwedienst führte diesem die allerwesentlichsten neuen Elemente zu. Der Jahwismus der alten Zeit, der, dem die Rekabiten noch anhingen, war eine kulturfeindliche Macht. Als Zerstörer vor allen Dingen tritt Jahwe uns entgegen. Als Gewittergott in der Natur, als Kriegsgott im Völkerleben, als der Gott, dem nach errungenem Siege durch den heiligen Bann alles Lebendige im Tode geweiht wird. Und wo er nicht in solchen

Ausnahmsfällen handelnd eingreift, da ist er der Gott der Steppe, mit ihrer kurzen Blüte im Frühling und ihrem langen öden und eintönigen Schweigen während des übrigen Jahres. Diese Religion konnte, so wie sie war, niemals die Religion eines Kulturvolkes werden, geschweige die der Menschheit. Der Baaldienst hat ihr gebracht, was ihr fehlte. Er setzte die Tätigkeit des Menschen in stete, tägliche Verbindung mit der Gottheit und unterstellte alles ihrer Einwirkung und ihrem Segen. Er stellte eine enge Gemeinschaft und Gegenseitigkeit zwischen den auf die gleichen Bedingungen angewiesenen Verehrern her und nahm jeden neuen Fortschritt der Kultur unter seinen Schutz. Der Jahwe, der nach Hosea's Belehrung auch Korn, Öl und Most bescherte, wenn das Volk ihm gehorsam diente, stand zweifellos unvergleichlich höher als derjenige der Rekabiten, der Korn- und Weinbau, Haus- und Ackerbesitz streng verbot. So ist es eine Fügung Gottes gewesen, dass Israel in der neuen Heimat zuerst lange Zeit dem Baal hat dienen müssen, ehe neue Schickungen und Offenbarungen einen Teil dieses Dienstes in den Jahwe's aufgehen liessen, den andren verpönten und vernichteten.

Sie fragen vielleicht, was denn nun von der Religionsübung Israels für den ursprünglichen Jahwismus bleibe. Eine runde, abschliessende und alles einschliessende Antwort lässt sich natürlich auch auf diese Frage nicht geben. Aber eine Feier wenigstens können wir nennen, von der nicht nur die Überlieferung den engen und ausschliesslichen Zusammenhang mit dem Jahwedienst bezeugt, sondern die auch alle Merkmale der vorkanaanitischen nomadischen Religion im Unterschiede von der kanaanitischen an sich trägt. Ich meine die Passahfeier. Sie ist jetzt allerdings mit dem ersten Ackerbaufeste, dem Feste der ungesäuerten Brote, eng verbunden; aber dass diese Verbindung keine ursprüngliche ist, lässt sich deutlich beobachten. Das letztere Fest hängt mit Pfingsten und Laubhütten unlöslich zusammen und entstammt mit ihnen dem Ackerlande Kanaans; das Passah hat nichts damit zu tun. Allerdings wird jetzt für das Fest der ungesäuerten Brote eine Begründung gegeben, die mit dem Auszug aus Ägypten zusammenhängt, ohne Zweifel, weil es auf die Dauer zeitlich mit dem Passahfeste eng verwuchs. Aber diese Begründung ist dennoch eine ganz andre als die für das Passah, sie ist künstlicher und zufälliger, ein Beweis späteren Ursprungs. So ist auch in der ältesten Gesetzgebung, bei J, die Einsetzung der beiden Feste streng voneinander getrennt; sie findet sich in Ex. 12, 21—28 für das Passah, 13, 3—10 für das Mazzenfest[17]). Auch in Ex. 34 sind die darauf bezüglichen Bestimmungen in v. 18 und v. 25 scharf auseinander gehalten. Dass das Passah der Wüste angehört, das Mazzenfest dem Fruchtlande, wird selbst von der spätesten Quelle, der Quelle P, noch deutlich festgehalten. Denn nach dem Übergang Israels über den Jordan erzählt sie Jos. 5, 10—12: „Als sich nun die Kinder Israel zu Gilgal gelagert hatten, da hielten sie das Passah am vierzehnten Tage des Monats am Abend, in den Steppen von Jericho. Dagegen assen sie vom Gewächs des Landes am Tage nach dem Passah, Mazzen und geröstete Ähren, genau an diesem Tage. Das Manna aber blieb am folgenden Tage aus, da sie vom Gewächs des Landes assen, und die Kinder Israel empfingen kein Manna mehr. So nährten sie sich in jenem Jahre von dem Ertrage des Landes Kanaan."

Hier ist es vollkommen klar, dass das Passah zum Manna, und daher in die Wüste gehört, das Fest der ungesäuerten Brote dagegen zum Fruchtlande, und damit in die neue Heimat Kanaan. Und auch die Eigenart dieses nomadischen Festes ist in der Priesterschrift (Ex. 12, 1—14) und in dem Judentum bis auf den heutigen Tag noch voll erhalten geblieben. Das Passah heisst ein Opfer; aber es ist ein Opfer im ältesten Sinne. Nichts von Darbringung, nichts von Tribut, wie das der Begriff des Opfers bei angesessenem Leben auf die Dauer überall wird, sondern ein sakramentales Gemeinschaftsmahl, das alle Verehrer des Gottes mit diesem durch dieselbe Speise vereinigt. So wie W. Robertson Smith uns dies aus dem arabischen Heidentum beschrieben hat[18]), muss auch das Passahmahl zwischen Abend und Morgen verzehrt sein, mit Haut, Knochen und Eingeweiden, sodass die aufgehende Sonne keine Überreste mehr davon sieht[19]). Hier haben wir die Wüste, hier die Nomaden, hier das Fest, das zweifellos das eingewanderte Volk Israel von den landeseingesessenen Kanaanitern schied. Das Fest musste im Frühling gefeiert werden, wenn die Herden geworfen hatten und die jungen Lämmer zur Verfügung standen. Das war der Grund, dass es später an das Mazzenfest angeschlossen wurde; aber in diesem Zusammenschluss offenbarte sich eben der Sieg Jahwe's über den Baal, die Einverleibung seiner Feste in den Machtbereich des Gottes Israels.

Wir können und wollen nicht behaupten, dass der Kult Jahwe's sich in alter Zeit auf diese einzige, jährliche Festfeier beschränkte. Andre Feierlichkeiten werden bei gebotener Gelegenheit dieser zur Seite getreten sein; vor allem werden kriegerische Ereignisse und alle gemeinsamen Unternehmungen des Volkes besondere Gebräuche mit sich gebracht haben. Aber dass der Jahwedienst in alter Zeit ein äusserst einfacher war, haben wir alle Ursache anzunehmen; denn das einförmige Leben des Nomaden und die äusserst beschränkten Mittel, die ihm zu Gebote stehn, schliessen einen formenreichen, wechselvollen Kult von vorneherein aus. Noch ein Jesaja (c. 1) wehrt solche Vielgeschäftigkeit und solchen Aufwand im Dienste seines Gottes mit Entrüstung ab. Je einfacher aber der ursprüngliche Dienst Jahwe's war, umso leichter konnten die mannigfachsten Bestandteile andrer Religionen in die offenen Stellen einrücken und allmählich darin Wurzel schlagen.

## Anmerkungen zur zweiten Vorlesung.

[1]) Vgl. meinen Aufsatz „Das nomadische Ideal im Alten Testament, englisch in The New World, Boston, Dezember 1895, p. 733 ff., deutsch in den Preussischen Jahrbüchern, Band 85, 1896, S. 57 ff. Diese Verse sind durchaus nicht zu streichen, wie Nowack tut, sondern nur in der von mir vorgeschlagenen und im Texte angedeuteten Weise zu verbessern.

[2]) C. 13, 13. 15, 13—19. 63. 16, 10. 17, 14—18. 19, 47. Siehe K. Budde, Die Bücher Richter und Samuel, ihre Quellen und ihr Aufbau, 1890, S. 1—89.

[3]) Der Text muss nach LXX hergestellt werden, die Verse 2—5a sind erst später hinzugesetzt. Vgl. Budde, Richter und Samuel, S. 20 ff.

[4]) Vgl. ausser Richt. 17 f. auch Richt. 1, 34 und Jos. 19, 47, und dazu Budde, Richter und Samuel, S. 15—18. 28—32.

[5]) Mit vollem Rechte warnt W. Robertson Smith (Die Religion der Semiten, deutsche Übers. von Stübe, S. 57 f.) davor, die Natur der einzelnen semitischen Götter so zu bestimmen, als wenn einem jeden nur eine besondere Gruppe von Naturerscheinungen oder sittlichen Wirkungen als Herrschaftsbereich zugehörte. Er betont dem gegenüber, dass die Alten von ihren Göttern alles, was sie bedurften, zugleich erbaten und erwarteten. Aber wo sich die Völker auf der Grenzscheide zwischen zwei verschiedenen Kulturstufen befinden, kann diese Regel nicht unbedingt gelten; vielmehr mussten da Konflikte entstehen wie der hier geschilderte. Erst nach deren Überwindung tritt die Regel wieder in ihr Recht ein.

[6]) De wording van staat en godsdienst in het oude Israël (de Gids, 1871, No. 10).

[7]) So nennen wir die älteste Gesetzgebung aus der Quelle E in Ex. 21—23 nach Ex. 24, 7.

[8]) Merkwürdigerweise dient die Durchbohrung des Ohrläppchens, freilich ohne das Festheften an den Thürpfosten, auch bei einem wilden Stamme im Innern Brasiliens als Zeichen der Besitzergreifung, und zwar bei dem Eheverlöbnis. Vgl. K. v. d. Steinen, Unter den Naturvölkern Zentral-Brasiliens, 1894, S. 501.

⁹) Vgl. Schwally, Das Leben nach dem Tode u. s. w., 1892, S. 37 ff.

¹⁰) Vgl. für diese Dinge Schwally in dem angeführten Buche und Frey, Tod, Seelenglaube und Seelenkult im alten Israel, 1898.

¹¹) Vgl. dazu J. Benzinger, Hebräische Archäologie, 1894, S. 153 ff. und W. Nowack, Lehrbuch der hebräischen Archäologie I, 1894, S. 167 ff., sowie die dort angeführte Litteratur.

¹²) Vgl. I. Sam. 20, 5. Am. 8, 5. Hos. 2, 13. II. Kön. 4, 23 u. s. w.

¹³) Ich freue mich, diese Ansichten bestätigt zu finden durch die vorzügliche Arbeit von Morris Jastrow jr.: The original character of the Hebrew Sabbath, The American Journal of Theology, Vol. II, No. 2, April 1898.

¹⁴) חג נשאים, was hinter ישראל leicht verdorben werden konnte. Unmöglich scheint mir die Streichung von 5, 26 (Wellhausen, Nowack), weil sich seine nachträgliche Entstehung und Einschiebung auf keine Weise erklären lässt. Einen stark abweichenden Versuch zur Herstellung und Erklärung des Verses hat Prof. Nathaniel Schmidt im Journal of Biblical Literature (XIII, 1894, S. 1 ff.) geboten; aber schwerlich trifft er das Richtige.

¹⁵) Es war nicht meine Absicht, in der Aufzählung der Spuren fremder Gottesdienste, die in Israel neben dem Jahwedienste fortbestanden, vollständig zu sein. Die Tatsache allein war hier ausreichend, und die angeführten Beispiele genügen vollauf, sie zu beweisen.

¹⁶) Vgl. Hos. 2, 15. 19. 11, 2. Jer. 2, 23. 9, 13 u. s. w.

¹⁷) Vgl. für die Quellenbestimmung meine Abhandlung in der Zeitschr. f. d. alttest. Wissenschaft, 1891, S. 193 ff.

¹⁸) The Religion of the Semites I², p. 388 ff., deutsche Übersetzung, S. 262 ff., und anderwärts.

¹⁹) Wir dürfen sicher sein, dass dieses Gebot auch in Israel in alten Zeiten in viel strengerer und roherer Weise beobachtet wurde, als Ex. 12, 9 f. es vorschreibt.

## Dritte Vorlesung.

**Priester, Propheten, Könige, die Verkämpfer Jahwe's.**

Der Kampf Jahwe's mit seinen Nebenbuhlern, vor allen Dingen mit den Baalen Kanaans, das ist nach dem, was der vorige Vortrag uns gezeigt hat, der religionsgeschichtliche Inhalt der ersten Jahrhunderte, die Israel in der neuen Heimat verlebte. Siegten die Baale, so musste, was Jahwe eigen war, sich ihrem Dienste auf die Dauer unter- und einordnen, siegte Jahwe, so winkte dasselbe Loos dem Baaldienste. Der Sieg des Gottes entschied sich mit dem Siege des Volkes. Gelang es Israel, das ganze Land lückenlos in Besitz zu nehmen, die alten Bewohner mit sich zu verschmelzen oder dienstbar zu machen, so wurde eben damit auch Jahwe der Herr, der Besitzer des Landes, er liess es sich gefallen, im Fruchtlande zu wohnen, er rückte in die Stelle des Baal ein, man lernte glauben, dass man ihm und nicht dem Baal, den Segen des Ackerbaus verdankte.

Die Religionsgeschichte Israels erweist sich also von neuem abhängig von seinen äusseren Schicksalen. Daran wirken vor allen Dingen grosse, gleichsam elementare Kräfte mit, gottgesandt, unabhängig von dem Willen einzelner Personen und einzelner Stände.

Aber neben ihnen greifen auch die letzteren ein, geben neue Antriebe, entscheiden brennende Fragen, überwinden drohende Gefahren. Die persönlichen Mächte, die sich in Jahwe's Dienst gestellt und seiner Sache zum Siege verholfen haben, sind in der Aufschrift dieses Vortrags verzeichnet: es sind Priester, Propheten und Könige.

Wir rufen uns noch einmal ins Gedächtnis zurück, welchen Stand der Jahweverehrung wir in den ersten Zeiten nach der Einwanderung vorauszusetzen haben. Jedenfalls einen sehr verschiedenen in den verschiedenen Gebieten und unter den verschiedenen Stämmen. Einen geregelten Gottesdienst — wir wissen nicht von welcher Regsamkeit und mit welchem Aufwand — haben wir bei dem alten Heiligtum der Lade vorauszusetzen, das sicherlich von Anfang an der Pflege eines Priestergeschlechts übergeben war, wie wir es in I. Sam. 4—6 finden. Vielleicht verweist uns Richt. 2, 1. 5 auf einen festen Dienst Jahwe's in Bethel. Im übrigen wird im mittleren und nördlichen Israel von festen Stätten des Jahwedienstes kaum die Rede gewesen sein. Man muss nicht vergessen, dass für die Josephstämme und ihre näheren und ferneren Verwandten der Jahwedienst sehr jungen Ursprungs war, eine neu angenommene Religion, deren Geheimnisse man nicht kannte. Durch die Kämpfe bei der Einwanderung und ihren so sehr verschiedenen Erfolg auseinandergesprengt, wird man in vielen Gauen Israels im Dienste Jahwe's sehr nachgelassen haben, nicht nur weil der Baaldienst das tägliche Bedürfnis befriedigte, sondern auch weil das Nationalbewusstsein schwand und eine lebendige, zuverlässige Tradition über die rechte Weise der Verehrung Jahwe's fehlte. In andren Gegenden, wo die Überwindung der Kanaaniter besser gelang, wo man sich stolz als die Herren fühlte und Jahwe als den Sieger, wird dagegen der Wunsch sich geregt haben, ihm eifriger zu dienen und sich seiner bleibenden Gunst zu versichern. Da half man sich denn, so gut man konnte, und suchte, was an lebendiger, zuverlässiger Überlieferung fehlte, durch den guten Willen zu ersetzen. Wir besitzen nur eine einzige Geschichte, die uns diese Entwickelungsstufe bezeugt; aber sie ist auch von unschätzbarem, unvergleichlichem Werte: ich meine das Stück Richt. 17 f. Es ist aus den zwei alten Quellen des Richterbuches, J und E, zusammengesetzt, worin nur eine weitere Bürgschaft für alte und gute Überlieferung liegt. Die kleinen Abweichungen kommen für die Hauptsache nicht in Betracht[1]).

Ein Grundbesitzer namens Micha, ohne Zweifel ein reicher Mann, der auf dem Gebirge Ephraim wohnt — genauer wird die Gegend nicht angegeben — hat bei seinem Wohnhause ein Jahweheiligtum errichtet. Sein Kern ist ein silbernes, orakelspendendes Bild, ein Ephod, sicher Jahwe geweiht; leider sind wir nicht in der Lage, seine Gestalt zu bestimmen. Ein Orakel zu bedienen bedarf es immer eines Priesters, eines *aedituus* des Gottes, der als sein Vertrauter seinen Willen zu ermitteln und auszulegen versteht. Micha setzt in dieses Amt einen seiner Söhne ein. Aber dass diese Auskunft ihm nicht volle Genüge tut, dass die Unsicherheit über die rechte Überlieferung der Jahwepflege, von der ich sprach, wirklich bestand, zeigt sich an dem, was nun folgt. Ein Levit aus Bethlehem-Juda kommt auf der Wanderschaft an Micha's Wohnort vorbei; er ist aus der Heimat gegangen, „um sich niederzulassen, wo er's träfe", d. h. um draussen Unterkunft und Brot zu finden. Sofort bietet ihm Micha Wohnung, Kleidung, Nahrung und ein jährliches Gehalt, wenn er bei seinem Heiligtum als Priester bleiben wolle. Der Levit willigt ein, und Micha äussert die frohe Zuversicht, dass Jahwe ihn nun sicher segnen werde, da er einen Leviten zum Priester gewonnen habe.

Wir stehn hier an der Wiege des levitischen Priestertums, das später eine so grosse Rolle spielt und eine ganze Reihe von Entwickelungsstufen durchgemacht hat. Wir stehn damit zugleich vor der äusserst schwierigen Frage, was der Name „Levi", die Bezeichnung „Levit" ursprünglich bedeutete. War Levi ein Stamm wie die übrigen; oder war er eine Priesterschaft, der Inbegriff derjenigen, die berufen und befähigt waren, ein bestimmtes Amt zu bekleiden. Stammte Mose, wie die Überlieferung sagt, aus dem Stamme Levi; oder hat sich Levi erst um ihn gebildet und an seine Person angeschlossen?

Für einen Amtsnamen scheint unsere Erzählung

zu sprechen, in der die sprichwörtliche Besitzlosigkeit Levi's durch ein Beispiel bestätigt ist. Für einen Stamm spricht umgekehrt die bekannte Geschichte Gen. 34, wo Simeon und Levi Sichem überrumpeln und dann doch die eingenommene Stadt wieder im Stiche lassen müssen. So schwer sich dieses letztere Ereignis in die Reihe der uns bekannten geschichtlichen Tatsachen eingliedern lässt, so wenig ist es möglich, daran vorüberzugehn. Dass Levi in alter Zeit einmal eine geschlossene Masse und Macht darstellte, die neben den Stämmen stand und selbständig ein Gewicht in die Wagschale warf, muss danach als feststehend betrachtet werden.

Auch hier steht es wieder so, dass gegenüber alle den massenhaften und grundverschiedenen Vermutungen, durch die man der schwierigen Frage beizukommen versucht hat, die schlichte Überlieferung, wie sie uns in der alten Stelle Ex. 32, 26 ff. und im Segen Mose's Deut. 33, 8 ff. vorliegt, die beste und wahrscheinlichste Auskunft bietet. Es gilt wieder nur die Überlieferung richtig zu verstehn.

Die Erzählung über die Wüstenwanderung ist voll von Zeugnissen, wie schwer es Mose wurde, das Volk zu geschlossenem, einmütigem Handeln nach seiner überlegenen Einsicht zusammenzuhalten und seine Widersetzlichkeit zu bändigen. Dass dem wirkliche Geschichte zu Grunde liegt, ist das Wahrscheinlichste von der Welt. Stand doch Mose seinem Volke als einzelner Mann, durch die Verschwägerung mit den Kenitern überdies halbfremd gegenüber, ohne jede starke ausführende Gewalt, die allein seinem Gebote gehorchte. In einem entscheidenden Augenblicke — die Verknüpfung ist jetzt nicht mehr die ursprüngliche — ruft nun Mose in Ex. 32, 26 alle diejenigen, die Jahwe treu sein wollen, zu sich heran, „und es sammelten sich", so heisst es wörtlich, „zu ihm alle Söhne Levi's". Ihnen gebietet er, durch das Lager zu ziehen und jeden Widersetzlichen, und wäre es ihr Bruder oder Freund, niederzuhauen. Sie tuen es und erschlagen an dreitausend Mann. Zum Lohn dafür erhalten sie das Priestertum und den besonderen Segen Jahwe's[2]). Man hat gefragt, ob es denn ausser den Leviten niemand solle gegeben haben, der Jahwe Treue hielt; ebenso auffällig ist es, dass die Leviten sich sämtlich Mose zur Verfügung stellen und dennoch den Auftrag erhalten, ihre „Brüder" niederzuhauen. Man antwortet vielleicht, „Brüder" sei nicht wörtlich zu nehmen, sondern bedeute alle Israeliten. Aber diese Auffassung erweist sich als ganz unmöglich in der entsprechenden Stelle des Segens Mose's, Deut. 33, 9. Dort heisst es von Levi: „Der zu seinem Vater und seiner Mutter sagte: ich kenne sie nicht, und seinen Bruder nicht anerkannte und von seinen Söhnen nichts wissen wollte; sondern dein Wort befolgte und deinen Bund hielt." Die Lösung liegt darin, dass Levi erst in jenem Augenblick entstanden ist. Auf Mose's Ruf sind die Getreuen aus allen Stämmen herbeigeeilt und haben ihm gegen ihre eigenen Blutsverwandten ihren Arm geliehen. So geprüft und bewährt sind sie von nun an vereinigt geblieben und haben einen neuen Stamm „Levi" gebildet. Natürlich soll und muss Ex. 32, 26 jetzt verstanden werden: „es sammelten sich alle, die von Levi, dem Sohne Jakob's, abstammten". Aber ursprünglich wollte es sagen: „alle, die jetzt Leviten heissen", genauer, die Vorfahren des heutigen Stammes Levi. Da aber später alle Stämme Israels als Söhne Jakob's eingereiht wurden, so erhielt auch Levi darunter seine vorzeitige Stelle, und so entstand die Schwierigkeit, mit der wir heute zu kämpfen haben. Levi ist also gleichsam die Leibwache, die Auswahl der Jahwetreuen, die sich um Mose schaart, indem sie zugleich ihre alten Stammes- und Geschlechtsverbindungen löst[3]).

Von dieser Erkenntnis aus begreift es sich leicht, dass dieser neue Stamm, gleichsam die weitere Familie Mose's bildend, in die Geheimnisse des Jahwedienstes eingeweiht ist. Sie fallen ihm, der Familie Mose's, von selber als dessen Erbschaft zu. Es begreift sich ferner, dass dieser Stamm, einem Simon Petrus unter den Aposteln vergleichbar, nach dem Tode Mose's voreilig den Versuch macht, sich mit List und Gewalt in dem gelobten Lande festzusetzen, wie das Gen. 34 und der Segen Jakob's Gen. 49, 5—7 bezeugen. Mit dem Stamme Simeon, den er in das Wagnis hineingezogen, wird Levi dabei fast vernichtet, und seine spärlichen Reste vermögen ein Stammesgebiet nicht mehr zu erringen. Es kann leicht sein, dass auch eine gewisse Abneigung und Erbitterung gegen den gewalttätigen jüngeren

Bruder, der seine Hand gegen alle erhoben, bei den übrigen Stämmen jetzt zu doppelter Geltung kam.

Aus Richt. 1, 3 ff. wissen wir, dass der ebenfalls zur Bedeutungslosigkeit herabgesunkene Stamm Simeon sich an Juda anschliessen durfte. In seinem Gefolge beteiligte er sich an der Eroberung des Landes und erhielt im tiefsten Süden Wohnsitze, die doch füglich nur als ein Anhängsel Juda's angesehen wurden. Es ist an sich schon höchst wahrscheinlich, dass auch Levi, der Genosse seines Unglücks, sich des Schutzes Juda's versicherte und nur darum in Richt. 1 nicht erwähnt wird, weil seine Kriegsmacht kaum noch in Betracht kam[4]). Das wird durch Richt. 17 f. vollends bestätigt. Denn der Levit dieses Stückes stammt aus Betlehem-Juda, und Leviten aus andren Gebieten Israels sind uns, etwa abgesehen von dem Priestergeschlecht bei der Bundeslade, das sich wohl von Mose ableitete, in den alten Zeiten Israels überhaupt nicht bekannt. Unser Levit ist auf die Wanderschaft gegangen, um Brot zu suchen, und wahrscheinlich haben es in jener Zeit viele seiner Brüder ebenso gemacht. Ihre Zahl wird sich mit der Zeit gemehrt haben, und da sie keinen eignen Grundbesitz hatten, so sahen sie sich genötigt, in der besonderen Kunst, die sie von Mose geerbt hatten, dem Dienste Jahwe's, ihren Unterhalt zu suchen. Diesem Angebote, das die Not hervorrief, wird die Nachfrage allmählich auf halbem Wege entgegengekommen sein, und so ergoss sich von Juda aus langsam der Bach levitischer Beisassen über die nördlicheren Stammgebiete, besonders über das Kernland Israels, das Gebirge Ephraim. Anfangs waren sie rar, sodass die Daniten bei ihrem Zuge nach Norden den Priester Micha's, einen Enkel Mose's[5]), samt dem orakelspendenden Jahwebilde rauben und nach der neuen Heimat mitschleppen. Allgemach werden sie zahlreicher geworden sein, und vielleicht hat auch Micha sich einen neuen Leviten zu sichern gewusst. Mit einem jeden von ihnen wird bewusster Jahwedienst im Unterschiede und Gegensatze zu dem des Baal sich weiter verbreitet haben und so der Boden für die Herrschaft Jahwe's in Kanaan vorbereitet worden sein. Nicht dass die Leviten schon früh im ausschliesslichen Besitze des Jahwepriestertums gewesen wären. Wir haben noch an Samuel das Beispiel eines Priesters aus andrem Stamme. Aber nicht nur ist er der Chronik (I, 6, 11—13. 18—20) zum Leviten geworden, sondern schon die alte Erzählung I. Sam. 1—3 erklärt und entschuldigt dies durch den Umstand, dass er Jahwe geweiht wurde und unter der Priesterschaft Jahwe's bei der Bundeslade aufwuchs. Immer mehr werden auch diejenigen Priester und Priestergeschlechter, die keinen levitischen Stammbaum aufzuweisen hatten, bemüht gewesen sein, sich einen solchen zu sichern, ihren Anschluss an den Stamm Levi irgendwie zu vollziehen. In der mittleren Königszeit etwa wurde die Stufe erreicht, wo alle Priester als Leviten galten und Leviten sein mussten, wie dies nicht nur das Deuteronomium, sondern auch schon der

Segen Mose's und Ex. 32, 26 ff., wie wir sahen, voraussetzen.

Solche Zustände herbeizuführen bedurfte es freilich noch ganz andrer Triebkräfte, als das Priestertum sie in sich selber trug; ja es ist sehr fraglich, ob es allein genügt hätte, den Jahwedienst auf die Dauer am Leben zu erhalten. Denn alle mehr äusserliche, auf Technisches gerichtete Tätigkeit, wie es die priesterliche ist, unterliegt auch äusseren Einflüssen und verändert sich ihnen gegenüber langsam, aber stetig. Wir fanden schon den Beweis dafür in der Aufnahme der Baalfeste in den Jahwekult, die nicht ohne Mitwirkung der Priesterschaft erfolgt sein kann. Aber dem Priestertum trat ein neuer Stand zur Seite und vielfach geradezu entgegen, dem bloss schützenden Tun ein entschlossen angreifendes, dem Stillstand ein bewusster Fortschritt. Wenn uns in der Zeit Jesu Christi der Name „Mose und die Propheten" für den Inbegriff des ganzen Alten Testamentes begegnet, so hat das, ganz ohne Bewusstsein und Absicht, noch einen andren und viel tieferen Sinn, als die Zusammenfassung der wichtigsten Gruppen seiner Bücher. Denn die Propheten treten neben Mose als die zweiten Retter und Neubegründer des Volkstums und der Religion Israels, gegenüber einer Gefahr, die kaum minder gross war, als die der ägyptischen Knechtschaft. Etwa gleichzeitig mit Israel hatte sich in Palästina ein andres Volk angesiedelt, ebenfalls, wie Israel, aus einer Reihe von kriegerischen

Wanderstämmen zusammengeschmolzen, das Volk der Philister. Sie waren von fernher, wohl aus Kleinasien, über das Meer gekommen, bei einem Angriff auf Ägypten abgeprallt, und überwältigten nun die palästinische Küste südlich vom Karmel[6]). Da der Ansturm Israels auf dem Hochland zum Stillstand gekommen war, so kamen die beiden Eroberer eine Zeitlang nicht in feindliche Berührung. Sobald aber die Philister sich in der Küstenebene häuslich eingerichtet und ihre Herrschaft ausreichend befestigt hatten, musste sich ihre überschüssige Kraft, die im Süden an Ägypten, im Norden an Phönicien auf überlegenen Widerstand traf, gegen das Hochland richten, und der Kampf mit Israel konnte nicht ausbleiben. Sicherlich standen ihnen dabei die kanaanitischen Städte, die sich bis in das Herz des israelitischen Gebietes hineinzogen, als Bundesgenossen zur Seite. Denn gerade durch die Talwege, in denen sie lagen, rückten die Philister gegen das Gebirge Ephraim vor, und im Nordwesten von Jerusalem, dicht bei dem Machtbereich der Kanaaniter, sind die entscheidenden Schlachten geschlagen worden. Wir besitzen über sie in I. Sam. 4—6 einen sehr alten Bericht, der zwar von sagenhaften Zügen keineswegs frei ist, in den Hauptsachen aber volles Vertrauen verdient. Nachdem Israel ein erstes Mal geschlagen ist, besinnt es sich auf sein Heiligtum, die Lade Jahwe's zu Silo, die in alten Zeiten mit ihm in den Krieg gezogen ist und ihm den Sieg gesichert hat. Die beiden Söhne des Oberpriesters Eli bringen sie herbei, und mit ihr wagt Israel eine zweite Schlacht. Aber wieder siegen die Philister, und noch weit entscheidender als vorher. Ja, die Träger der Lade werden erschlagen, das Heiligtum selbst gerät in die Hand des Feindes und wird von ihm im Triumphe fortgeschleppt. Es klingt fast, als wenn hier in einem allegorischen Mythos das Scheitern des Priestertums gegenüber allzuschwierigen Aufgaben und die Erhebung des Prophetentums an seiner Stelle geschildert werden sollte. Eine neue Zeit verlangt neue Mittel und neue Leute, das wäre die Lehre.

Und doch haben wir es augenscheinlich mit glaubwürdiger Geschichte zu tun. Denn als Saul und Jonathan die Waffen erheben, da herrschen die Philister über den ganzen Süden des Gebirges Ephraim; nördlich von Jerusalem hat ein Vogt der Philister seinen Sitz, der das umliegende Gebiet unter ihrer Botmässigkeit hält[7]). Und ebenso treffen wir die Lade Jahwe's zu David's Zeiten nicht mehr in Silo, überhaupt nicht mehr bei dem Hause Joseph, sondern ebendort, wohin sie nach I. Sam. 4—7, 1 durch die Philister gekommen war. Denn sie war nicht in deren Land geblieben. Wohin sie gebracht wurde, von Stadt zu Stadt, hatte sie eine furchtbare Pest und verheerenden Mäusefrass getragen[8]), sodass endlich die Philister erkannten, dass sie der unheimlichen Macht des in ihr wirkenden Gottes nicht gewachsen waren und ihr den Laufpass gaben, zu wandern, wohin sie wollte. Ein neuer Wagen wird gebaut, die Lade darauf gesetzt, Weihegeschenke in Gestalt von goldenen Pestbeulen und Feldmäusen dazu gelegt, junge Kühe davor gespannt, ihre saugenden Kälber im Stalle eingesperrt, und dann der Wagen ohne Führer seinem Schicksale überlassen. Nimmt er nun den Weg nach Israels Bergen, so ist es gewiss, dass der Gott ihn lenkt, und niemand darf dann wagen, ihn daran zu hindern. So gelangt die Lade nach Bet-schemesch, und als sie auch dort noch Unheil anstiftet, nach Kirjat-jearim, wenige Stunden nordwestlich von Jerusalem.

Diese Geschichte mutet uns Kinder der neuen Zeit höchst befremdlich an; dafür ist sie in jeder Faser antik gedacht. Es kommt auch wenig darauf an, ob sie im einzelnen den wirklichen Hergang berichtet, was nichts weniger als unwahrscheinlich ist; oder ob sie nur aus dem Bedürfnis erwachsen ist, sich das Endergebnis zu erklären. Soviel steht jedenfalls fest, dass die Lade in die Hände der Philister fiel, und dass diese sich durch irgend welche Erfahrungen veranlasst sahen, sie aus dem Philisterlande im engeren Sinne wieder freizulassen an einen Ort, der, obschon nicht vollisraelitisch, doch den Jahwedienst kannte und darum Jahwe's Heiligtum zu pflegen verstand. Denn Kirjat-jearim ist eine der kanaanitischen Städte, die unter Gibeon's Führung ein Bündnis mit Israel schlossen, zweifellos, nachdem israelitische Art ihnen längst vertraut geworden war. Dort stand die Lade für die Philister sicher genug, da ihr Machtbereich noch viel weiter auf das Gebirge reichte, und doch brauchten sie sich vor dem

Gotte Israels nicht mehr zu fürchten, weil ihm nun der gebührende Dienst zuteil wurde[9]).

Der Eindruck dieser Ereignisse auf Israel kann kaum gross genug veranschlagt werden. Die Philister standen als die Herren im Herzen ihres Landes, und niemand vermochte ihnen zu wehren, ihren Machtbereich stetig weiter auszudehnen. Aus Herren waren die Israeliten wieder Knechte geworden. Und ihr Gott war mit besiegt, sein uraltes Heiligtum in die Macht des Feindes geraten. Hätte es dabei sein Bewenden gehabt, so wäre der Schlag für die Jahwereligion vielleicht tötlich geworden. Ein Volks- und Kriegsgott, der sein Volk und sich selbst nicht schützen kann, hat sein Leben verwirkt und ist zu nichts mehr gut; was Israel als ein untertäniges Volk brauchte, das konnten ihm die Baale vollauf gewähren, und besser als Jahwe. Zweifellos wird man weithin in Israel diesem Gefühl nachgegeben und wird damit der Jahwedienst einen schweren Rückschlag erlitten haben.

Aber Jahwe war nicht in der Hand der Feinde geblieben; er hatte sich frei gekämpft durch gewaltige Machtbeweise, er hatte sich den ihm gebührenden Dienst von neuem erzwungen. Daraus mussten tiefer gründende Geister, eifrigere und tapfrere Jahweverehrer weit reichende Schlüsse ziehn. Konnte Jahwe in Gestalt seiner Lade ganz allein mit den mächtigen Feinden fertig werden, so hätte es noch viel sicherer in seiner Macht gestanden, dem Heere Israels den Sieg zu schenken und so seine eigene und seines Volkes Freiheit zu behaupten. Hatte er das nicht getan, so hatte er es nicht gewollt, und dafür gab es keinen andren Grund, als dass er seinem Volke Israel zürnte, dass er mit seinem Tun und Lassen unzufrieden war. Was war der Grund seines Missfallens? Was musste Israel tun und lassen, um sich Jahwe's Gunst und Gnade von neuem zu erwerben und mit seiner Hilfe die Knechtschaft der Philister wieder abzuwerfen?

So diente die nationale Not dazu, das Gewissen Israels zu wecken; die Bundesverpflichtung vom Sinai klopfte von neuem an die Herzen. Man fragte sich wieder, was denn der neue, unbekannte Gott wohl verlange, man grübelte wieder nach, sein innerstes Wesen zu ergründen. Und der Herd, auf dem dieser Funke allmählich zum Glühen kam, um endlich in lodernder, verzehrender Flamme hervorzubrechen, das war die Genossenschaft der Propheten, der *Nebiim*, von der wir eben in dieser Zeit die erste zuverlässige Kunde erhalten.

Freilich sind wir dabei in der gleichen Lage wie bei dem Priestertum: es ist nur eine einzige Erzählung, einem Blitze vergleichbar, der sofort wieder dem Dunkel weicht, woraus wir unsre Kunde schöpfen und unsre Schlüsse ziehen müssen. Prophetentum und Königtum greifen dabei in eigentümlicher Weise in- und übereinander. Der Held Israels, der es zuerst von den Philistern befreite, das ist, niemand kann daran zweifeln, sein erster König Saul. Erst eine ganz späte, königsfeindliche Zeit hat ihm diesen Ruhm genommen und ihn auf Samuel übertragen, der nun in I. Sam. 7 Schlachten schlagen muss, die das Königtum im Grunde überflüssig machen. Der alten Erzählung in I. Sam. 9 ist Samuel nur der Priester und Seher alten Schlages in einer ephraimitischen Landstadt. Er erhält den göttlichen Auftrag, den Benjaminiten Saul, den Jahwe sich zum Befreier seines Volkes ausersehen hat, zum König zu salben. Es ist sprichwörtlich geworden, wie er diesen Auftrag ausführt, als Saul ihn besucht, um nach dem Verbleib der Eselinnen seines Vaters zu fragen. Er giebt dem gänzlich überraschten Manne Zeichen, die ihm den Glauben an seine göttliche Berufung stärken sollen. Das dritte und letzte lautet, dass ihm auf dem Heimweg, bei der Stadt, in der der Philistervogt seinen Sitz hat, ein Haufe Propheten *(nebiim)* begegnen werde, in voller Verzückung, Harfen und Pauken, Flöten und Cithern vor ihnen her. Dann werde der Geist Jahwe's über ihn kommen, dass er gleich jenen in prophetische Verzückung verfalle und von nun an ein andrer Mensch werde. Sei das mit ihm geschehen, so solle er tun, wozu ihn der Geist treibe, denn Gott werde mit ihm sein. Alles trifft ein, und die Leute, die ihn kennen und ihn nun in prophetischer Verzückung sehen, fragen verwundert: „Was ist denn dem Sohne des Kis zugestossen, gehört auch Saul den Propheten an?" Wir geben wieder die Einzelheiten dieser Erzählung ruhig preis — wir wissen nicht, ob sich die Dinge genau so zugetragen — aber was davon bleibt, ist zweierlei. Vor allen Dingen das volkstümliche Wort: „Gehört auch Saul den Propheten an?", und sodann, was uns hier über das Gebahren der ältesten Propheten berichtet wird, und was wir über ihre Ziele erschliessen können. Das Prophetentum Saul's wird nicht nur durch dieses Wort bezeugt; auch der böse Geist, der ihn späterhin plagt, ist nur eine trübe Entartung der Geisterfüllung seiner Heldenzeit. Der Prophet Saul aber bürgt uns für die Geschichtlichkeit des Auftretens der Propheten in dieser Zeit der Philisternot. Es ist fraglich, ob es auch schon früher in Israel Propheten gegeben hat; denn alle Stellen, wo Propheten für eine frühere Zeit erwähnt oder die Helden einer älteren Zeit mit diesem Namen benannt werden[10]), stammen aus verhältnismässig jungen Quellen und können recht wohl auf der Anwendung späterer Erscheinungen und Begriffe auf frühere Zeiten beruhen. An dem Beispiel Samuel's wenigstens lässt sich das beweisen. Denn er heisst in der alten Erzählung (I. Sam. 9, 11) nicht *nabi*, sondern *ro'è* „Seher" und unterscheidet sich selbst deutlich von jenen Propheten, von denen er Saul erzählt (10, 5f.)[11]. Auch das ersehen wir aus der Erzählung, dass das Prophetentum jener Zeit etwas Ungewohntes, Neues, mit einem gewissen Unbehagen Betrachtetes war. Denn als man seine Verwunderung ausspricht, dass Saul sich ihnen zugewendet hat, fügt einer verächtlich hinzu: „Und wer ist ihr Vater?", d. h. niemand weiss, wem sie gehören, sie sind hergelaufenes Gesindel, ohne Namen und Stammbaum.

Nun hat man wohl angenommen, die Erscheinung

wäre damals ganz neu in Israel aufgetreten, also palästinischen Ursprungs, und da die Eliageschichte auch Propheten des Baal kennt, so hat man geradezu geschlossen, dass auch diese Erscheinung zu den Stücken gehöre, die die Jahwereligion von den Kanaanitern angenommen hat. Indessen auf die Eliageschichte ist nicht zuviel zu bauen, und hat Israel das Prophetentum von Kanaan erhalten, so hat es sich bei ihm jedenfalls von seinem Ursprung weit abgewendet[12]). Möglich bleibt immerhin, dass das Prophetentum in Israel selbst, vielleicht nur in einem Teile des Volkes, zu Hause war, vielleicht seit vor-palästinischer Zeit; dass es nur zur Zeit der Philisternot aus längerem Schlummer erweckt wurde und grösseren, bisher ungeahnten Umfang und Bedeutung gewann.

Von dem Gebahren der Propheten dieser Zeit bekommen wir aus dieser Geschichte eine ausreichend deutliche Vorstellung, und manche andre Erzählung, auch noch weit späteren Ursprungs, zeigt dasselbe Bild. Prophet und Wahnsinniger sind mehr als einmal synonyme Begriffe[13]). Wollen wir uns ein Bild von ihnen machen, so brauchen wir nur an die Derwische der mohammedanischen Welt, an die Geisselbrüderschaften und ähnliche Erscheinungen des mittelalterlichen Christentums zu denken. Der Vergleich reicht über das äussere Gebahren hinaus. Denn wie die Geisselbrüder die Träger einer tief-greifenden Bussbewegung waren, durch die man das furchtbare Gottesgericht der Pest zu wenden hoffte; wie die Derwische den gewaltigen Fortschritten des

Christentums gegenüber die Kräfte und den Willen der mohammedanischen Welt wieder zu sammeln suchen und dieses Bestreben bis zur Gründung von Reichen in die Tat umgesetzt haben, so war auch die Verzückung der Prophetenbanden in der Zeit Samuel's kein blosses Symptom, keine blosse religiöse Übung, die in sich selbst zurücklief. Auch sie müssen wie jene ein religiös-nationales Ziel verfolgt haben. Wir vermögen kein andres abzusehen, als die Abschüttelung des Jochs der Philister durch das Mittel des reineren und eifrigeren Jahwedienstes. Und was die Zeitumstände an die Hand geben, das wird uns durch die Handlungen der einzigen hervorragenden Persönlichkeit aus ihrem Kreise, des Neophyten Saul, in vollstem Masse bestätigt. Denn als ihn der prophetische Geist zum zweiten Male überfällt, da zwingt sein Zorn die verzagten Volksgenossen, ihren Brüdern zu Jabesch in Gilead zu Hilfe zu eilen, und er überwindet die übermütigen Ammoniter (I. Sam. 11). Die Königswahl, der Philisterkrieg folgen daraus wie selbstverständlich; niemand erwartet von Saul etwas andres. Und während des Entscheidungskampfes finden wir ihn als peinlich frommen Jahwediener, der ängstlich darüber wacht, dass nichts vernachlässigt werde, um seiner Gnade sicher zu sein. Die immer wiederholte Befragung des Jahweorakels; das Fasten für das ganze Kriegsvolk bis zum errungenen Siege; die Angst vor Jahwe's Ungnade, als sich das ausgehungerte Volk über das Beutevieh stürzt und es ohne rituelle Vorkehrungen schlachtet; die finstere Entschlossenheit, mit der er durch das Orakel die Schuld seines Sohnes Jonatan ermittelt und entschlossen ist, ihn sterben zu lassen; und endlich die unheimliche „Lösung", die das Volk durchsetzt und er sich gefallen lässt, ohne Zweifel durch den Tod eines andren Opfers: das alles sind gehäufte Beweise dafür [14]).

Von diesen Erscheinungen ist ein Rückschluss zu ziehen auf Stimmung und Ziele der prophetischen Bewegung in jener Zeit. Man wird einwenden, dass Saul doch nach allem, was wir wissen, sich nicht den Prophetenbanden angeschlossen, nicht mit ihnen Stadt und Land durchzogen hat; dass er vielmehr zu Hause blieb und eben damit von jenen Prophetenschwärmen sich grundlegend unterschied. Aber hat die prophetische Bewegung überhaupt damals eine öffentliche Bedeutung gehabt — und daran kann kaum gezweifelt werden — so muss es ihr ernstes Bestreben gewesen sein, in den verschiedenen Gauen ansässige Vertreter zu gewinnen, Affiliierte gleichsam ihres Ordens, die bei gebotener Gelegenheit in ihrem Sinne handelten. Mögen wir daher immerhin bedauern, dass uns reicheres Material nicht zur Verfügung steht, so müssen wir aus dem vorhandenen doch schliessen, dass die prophetische Bewegung damals geweckt ist durch das tiefe Gefühl für die Schmach der Niederlage von Volk und Religion, und das Elend der Herrschaft der verhassten Philister. Zunächst eine psychische Erregung, unwillkürlich, leidentlich, wurde ihr doch durch ihre Veranlassung selbst ein Trieb zum Handeln eingeimpft, der sich immer stärker wird entfaltet haben. In der Verzückung der Propheten, die sicherlich einen Zug der Busse nicht verleugnete, sah man eine neue, mächtige Äusserung der Wirksamkeit des Geistes Jahwe's in Israel. Daraus erwuchs ganz von selbst, ohne dass es erst einer Predigt bedurfte, die Hoffnung, ja die Gewissheit, dass Jahwe wieder in Israel wohnen wollte, und dass die Zeit nicht fern sei, wo dieser kriegerische Gott sich wieder durch grosse Kriegstaten an den Philistern verherrlichen werde. Niemand war geeigneter, solche Botschaften, solchen Aufruf an Frömmigkeit, Ehrgefühl, Vaterlandsliebe der Israeliten im Lande umherzutragen, als gerade diese rasenden Horden. Man bedenke, dass sie in Feindesland auftreten, unter den Augen des Vogtes der Philister. Ein Solon und Brutus sind die klassischen Beispiele dafür, wie Irrsinn, Geistesschwäche, aussergewöhnliche geistige Zustände aller Art, jederzeit im Altertum das beste Mittel waren, unverdächtig den Aufruhr gegen die herrschende Macht zu predigen und vorzubereiten[15]).

Damit wird dem Prophetentum Israels schon in seinen ersten Anfängen der Stempel aufgedrückt, den es, solange es bestand, niemals verleugnet hat. Aus religiöser und nationaler Not gleichzeitig ist es geboren; von religiöser und nationaler Begeisterung wird es getragen; religiöse und nationale Ziele erstrebt es stets zu gleicher Zeit. So war es nicht nur, als die Propheten in rasenden Horden das Land durchzogen und vielleicht — nichts ist wahrscheinlicher — als unaufhaltsame Vorkämpfer des Heeres sich vor Jabesch auf die Ammoniter, bei Michmasch auf die Philister stürzten. So blieb es auch, als ein Amos und Hosea, ein Jesaja und Jeremia ganz allein dastanden, auch vor Königen und Priestern. Die Propheten sind geborene Politiker, weil ihnen der nationale Bestand ihres Volkes unlöslich verwachsen ist mit seinem religiösen Verhalten. Nur wenn Israel dem am Sinai geschlossenen Bunde treu bleibt, kann es gedeihen, das ist der grundlegende Satz der Predigt der Propheten; diese Treue aber offenbart sich in den verschiedenen Zeitaltern verschieden, je nach den besonderen Aufgaben und Gefahren, die jedes mit sich bringt, und je nach der fortschreitenden Erkenntnis von Jahwe's Wesen. Zu Samuel's und Saul's Zeiten ist es zweifellos die Befreiung des israelitischen Bodens von der Fremdherrschaft, möglichste Ausdehnung des Herrschaftsgebietes Jahwe's auf Kosten des Baal und eifrigerer Dienst Jahwe's in den einzelnen Gauen. Ob schon damals die unbedingte Alleinherrschaft Jahwe's unter die Forderungen der Propheten aufgenommen war, mag man billig bezweifeln; aber die Abzielung darauf ist ihnen angeboren, und völlige Unduldsamkeit Jahwe's andren Göttern gegenüber nur eine Frage der Zeit.

Wie gerne wüssten wir mehr von den Propheten in dieser ihrer Anfangszeit! Aber sie verschwinden spurlos, und auch was wir unter David und Salomo von einzelnen Propheten hören, erweckt keineswegs grosses Zutrauen. Man begreift es, wenn eine skeptischere Geschichtsbetrachtung vollends auch ihr Auftreten unter Saul und Saul's Zusammenhang mit dem Prophetentum in das Reich der Sage verweisen möchte. Aber dies ihr Verschwinden ist doch so unbegreiflich nicht. Zum einen Teil ist dafür gewiss die Eigenart der Überlieferung, die uns zu Gebote steht, verantwortlich zu machen. Sie ist eine äusserst karge und lückenhafte, sie ist stets eine einseitige. Man bedenke doch, dass ausser Jesaja keiner der vorexilischen Schriftpropheten in der Geschichtserzählung eine Stelle gefunden hat. Micha allein wird nachträglich einmal bei Gelegenheit erwähnt (Jer. 26, 18f.). Dazu kommt aber noch ein andrer Umstand. Ist des Propheten Mission erfüllt, so verschwindet er vom Schauplatz. Nachdem der Freiheitskampf gegen die Philister eröffnet und in glückliche Bahnen geleitet war, tritt die prophetische Bewegung zurück. Die Erregung lässt nach, die Banden lösen sich auf, und der geordnete Lauf der Ereignisse tritt wieder in seine Rechte ein. Die Aufgabe und die Ziele der Propheten übernahm das Königtum, und eine geraume Zeit wurde es beiden ausreichend gerecht, um des Prophetentums neben sich nicht zu bedürfen.

Damit sind wir bei dem dritten menschlichen Faktor angelangt, dem die Jahwereligion in jener Zeit Förderung und feste Begründung verdankt. Es ist kein Wunder, dass schon der Erste, dem es gelang, ein Königtum in Israel zu begründen, wenn auch nur ein Stammkönigtum von kurzer Dauer, dass Gideon-Jerubbaal von der Sage als Streiter Jahwe's gegen den Baal dargestellt wird, als derjenige, der eine bestehende Baalkultstätte gewaltsam zerstört und an ihrer Stelle einen Jahwealtar errichtet (Richt. 6, 25 ff.). Kann sein, dass dergleichen wirklich hier oder da einmal genau so sich zugetragen hat; aber ganz sicher enthält die Erzählung Wahrheit, wenn man sie als eine typische Darstellung der Einwirkung des Königtums auf die religionsgeschichtliche Entwickelung des Volkes Israel auffasst. Denn was die Priester und Propheten vorbereiteten, das haben die Könige auf dem graden Wege erstrebt und erreicht: die Alleinherrschaft Jahwe's in Israel. Ging doch ihr Vorteil mit dem der Jahwereligion völlig Hand in Hand. Die Volkskönige vereinigten in ihrer Person das gesamte Volk Israel, der Gott aber des gesamten Volkes war stets nur Jahwe gewesen. Ein König, ein Gott war deshalb der selbstverständliche Wahlspruch. Wenn die Könige alles daran setzten, das ganze Volk Israel gegen den Volksfeind, die Philister, zum Kriege zusammenzubringen, so setzten sie damit Jahwe in seine ursprüngliche Stelle ein und gaben ihm die Gelegenheit, sich von neuem als den Helfer Israels zu bewähren, und als den mächtigen Gott, der den Göttern der Feinde unbedingt überlegen war. Sie führten, wie der Ausdruck I. Sam. 25, 28 lautet, die Kriege Jahwe's, und umgekehrt zog Jahwe, wie es II. Sam. 5, 24 heisst, vor ihnen her, das Heer der Philister zu schlagen. Wenn sie so das Land von der Fremdherrschaft befreiten, so eroberten sie es selbstverständlich nicht für Kanaan und seine Baale zurück, sondern für

Jahwe, der es sich dieses zweite Mal im ganzen Umfange erkämpft hatte.

So war die Niederlage der Philister zugleich verhängnisvoll für die bisher unabhängigen Reste Kanaans. Wir haben schon hervorgehoben, dass der südliche kanaanitische Gürtel höchst wahrscheinlich sich mit den Philistern verbündet und ihnen den Weg auf das Hochland gebahnt hat. Noch sicherer lässt sich das von dem nördlichen sagen, den kanaanitischen Städten, die durch die Ebene des Kison vom Meere bis zum Jordan sich hinabzogen. Denn zu Bêt-Scheān, der Kanaaniterstadt in der Jordanschlucht, hängten die Philister nach I. Sam. 31, 10 die Leichname Saul's und seiner Söhne auf, die sie auf dem Schlachtfelde der Gilboaberge gefunden hatten. Und ohne das Einverständnis der alten Städte Taanak und Megiddo hätten sie dieses Schlachtfeld gar nicht wählen und erreichen können. Sobald daher diese furchtbare Niederlage verwunden war, sobald nach langen inneren Kämpfen David wieder die Kraft Israels zu sammeln vermochte, erging das Strafgericht über die kanaanitischen Städte. Mit der Eroberung Jerusalems (II. Sam. 5, 6 ff.) brach ihr starker Rückhalt zusammen; aber die Arbeit war damit längst nicht getan. Die feste Stadt Geser wurde nach I. Kön. 9, 15 ff. erst unter Salomo von dem Pharao gebrochen und Salomo's ägyptischer Gemahlin als Morgengabe mitgegeben. Auch Megiddo hat Salomo neu befestigt (v. 15) und gewiss ebenso erst erobert. Aber auch die Kanaaniter, die mit Israel in Friede und Bündnis lebten, verloren ihre Selbstständigkeit. Wir wissen aus II. Sam. 21, dass Saul die Bundesstadt Gibeon in seine Gewalt zu bringen suchte, und wenn dies auch ihm misslang und seine Nachkommen mit ihrem Blute dafür büssen mussten, so wurden doch unter Salomo, nicht unter Josua, wie jetzt Jos. 9 erzählt, die Gibeoniten Heiligtumsknechte am Tempel zu Jerusalem. Sie teilten also das Loos aller frei und selbständig gebliebenen Kanaaniter, die von Salomo nach I. Kön. 9, 20 f. zu Frohnknechten gemacht wurden.

Mit dem Volke sanken auch seine Götter, die Baale, zu Boden. Denn Jahwe war damit der unumschränkte Grundherr Kanaan's geworden, er trat die Erbschaft der Baale an, er wurde für Israel der Baal, der Grundherr. Wir haben früher von der Religionsmengerei und Begriffsverwirrung gehört, die die notwendige Folge des Besitzwechsels wurde. Aber sicherlich war der König der erste, der mit dem Grundsatze der Herrschaft Jahwe's in seinem Lande Ernst machen musste. Wenn wir in der Familie Saul's und David's Eigennamen begegnen, die den Gottesnamen Baal in sich schliessen, Saul's Sohn Išba'al, seinem Enkel Meriba'al[16]), David's Sohn Be'eljada', so können diese schwerlich etwas andres bedeuten, als dass Jahwe, der Gott Israels, nunmehr Herr des Landes geworden war und die Baalwürde für sich in Anspruch nahm.

Dieser Besitzwechsel zeigte sich natürlich besonders handgreiflich an den Kultstätten des Landes. Was von Gideon berichtet ist, vollzog sich in irgendwelcher Gestalt rings im Lande, vor allem an den Kultstätten hervorragender Orte, wo der König unmittelbaren Einfluss besass. Die Ehren, die bisher dem Baal erwiesen wurden, fielen nun Jahwe zu: wir sahen das Endergebnis an der Festgesetzgebung unsrer ältesten Quellen. Bald galt es als ein Makel, dass jemals an diesen Stätten Baaldienst getrieben worden war, und es entstand das Bestreben, ihren Jahwedienst in uralte Zeiten hinaufzurücken. Es bildeten sich im Schoosse der Priesterschaften, denen ihr Dienst oblag, heilige Sagen, deren Niederschlag und künstlicher Ausgleich uns jetzt in der Patriarchengeschichte vorliegt. Vielerlei hat zu ihrer Bildung mitgewirkt und darin seine Befriedigung gefunden. Der Anspruch Israels auf den Besitz des Landes Kanaan, der Anspruch Jahwe's auf dessen Heiligtümer, das Bedürfnis, auch die vormosaischen Ahnen Israels, alte Ahnengötter, *heroes eponymi*, und was sich sonst unter diesem Begriff zusammenfand, Jahwe unterzuordnen. So erfahren wir denn, wie diese Ahnen Israels die Ersten gewesen sind, die an den heiligen Stätten zu Betel und Sichem, zu Hebron und Beerseba u. s. w. geopfert haben. Niemand anders als Jahwe hat sich ihnen dort geoffenbart und dabei ihren Nachkommen den Besitz dieses Landes verheissen. Dann sind sie nach Ägypten gezogen, und die Kanaaniter haben nicht nur das ganze Land behalten, sondern sich auch der Heiligtümer für ihre Baale bemächtigt. Nun aber ist Israel zurückgekommen, hat sein Besitzrecht geltend gemacht und die Heiligtümer dem Dienste seines Gottes zurückgegeben, der sie zuerst geweiht hatte. Dass diese Patriarchensage, so schön, so verhältnismässig alt sie ist, doch der geschichtlichen Tatsache widerspricht, dass Israel die Jahwereligion erst zu Mose's Zeit und von den Kenitern herübergenommen hat, leuchtet ein. Sie ist späteren Ursprungs als diese Erinnerung, sie wurzelt mit allen Fasern in dem Boden der neuen Heimat Kanaan.

Ob freilich der duftige Kranz von Sagen, der sich allmählich um die alten Ba'alheiligtümer rankte, genügt hat, das alte Religionswesen an ihnen zu ersticken und die Erinnerung an ihren früheren Kult auszutilgen, muss sehr fraglich erscheinen. Die ersten Propheten wenigstens, Amos und Hosea, zeichnen uns ein düsteres Bild von der Unklarheit der religiösen Vorstellungen sowohl, wie der gottesdienstlichen Sitten, die an diesen Stätten gepflegt wurden.

Unter diesen Umständen musste auf die Dauer ein damals noch ganz junges Heiligtum immer höhere Bedeutung gewinnen, das Heiligtum, das David zu Jerusalem gründete und sein Sohn Salomo mit besonderem Glanze ausstattete. Seine Vorzüge waren allerdings mannigfaltig. Seinen Kern bildete das einzige Jahweheiligtum, das noch aus der Wüste stammte, die Lade Jahwe's, die noch kürzlich wieder gerade in der Zeit des tiefsten Falles ihre Macht bewährt hatte. David krönte das Werk der Gründung seines neuen Königsitzes dadurch, dass er dieses uralte Heiligtum aus der nur halbisraelitischen Stadt Kirjat-jearim, die zudem bis dahin unter der Botmässigkeit der Philister gestanden hatte, nach Jerusalem heraufholte und ihm dort eine Stätte auf der Königsburg anwies (II. Sam. 6). Die Lade gehörte dorthin; denn als kriegerisches Heiligtum musste sie in dem Mittelpunkt der ausführenden Gewalt zur Stelle sein. Zweifellos gab sie auch auf die Dauer dem Heiligtum zu Jerusalem Glanz und Würde. Nicht minder tat dies das Königtum selbst, freilich für Gesamtisrael nur bis zum Tode Salomo's. Aber neben beidem wird es doch von entscheidendem und immer wachsendem Gewichte gewesen sein, dass hier ein Heiligtum erstand, an dem niemals ein andrer Gott vor Jahwe verehrt worden war, das seine Entstehung einer Jahweoffenbarung in greifbarer Zeit, im hellen Licht der Geschichte zu danken hatte.

Jeder kennt die Geschichte, wie sie uns in II. Sam. 24 erzählt wird. Vermutlich bald nach der Erhebung Jerusalems zur Residenz — denn die Erzählung steht jetzt an falscher Stelle[17] — hat David eine Volkszählung vornehmen lassen. Er hat dies gegen den Willen Jahwe's getan; denn er allein ist der Herr über Leben und Tod, er will sich die Menschen, denen er das Leben schenkt, nicht nachzählen und vorrechnen lassen. Darum macht er einen grossen Strich durch die feine Rechnung. Durch seinen Engel lässt er das Land mit einer fürchterlichen Pest schlagen, der viele Tausende zum Opfer fallen. David tut Busse und bittet für sein unschuldiges Volk. Und im Gebet werden seine Augen aufgetan;

er sieht, wie der Pestengel eben gegen Jerusalem heranfährt, als Jahwe ihm Einhalt gebietet und er genau über der Tenne des Jebusiters Arawna stillesteht. So kam die Pest an der Schwelle des Königs-Palastes und der Hauptstadt zum Stillstand, und Jahwe hatte sich an diesem Orte sichtbar und wirksam offenbart. Das Grundstück, über dem er den Engel hatte schweben sehen, erwarb David zum Jahweheiligtum, und wo er einen Altar errichtet und Opfer dargebracht hatte, da baute sein Sohn Salomo den Tempel, der auch der Lade Jahwe's seine dauernde Unterkunft gewährte [18]).

Es war jungfräulicher Boden. Nur Pflug und Dreschschlitten hatten auf ihm gewaltet, aber kein Gottesdienst war dort verrichtet worden, ehe Jahwe ihn sich zur Offenbarungs- und Wohnstätte auserlas. Dieser Beglaubigung waren die Patriarchensagen nicht gewachsen, und der Lauf der Dinge tat das Seinige hinzu, um den Vorrang Jerusalems immer sicherer zu bestätigen, bis endlich nur dieses einzige Heiligtum übrig blieb und zum Mittelpunkt der religiösen Welt wurde [19]).

Mit der Weihung der Tempelstätte zu Jerusalem hatte Jahwe endgiltig von Kanaan Besitz genommen und seine Residenz dahin verlegt. Das ist der Abschluss dieser Entwickelungsstufe, wie er freilich voll und ganz erst viel später, zur Zeit des Deuteronomium, als solcher erkannt und gepredigt wurde.

## Anmerkungen zur dritten Vorlesung.

¹) Vgl. dafür K. Budde, Richter und Samuel, 1890 und desselben Kommentar zum Richterbuch im Kurzgef. Hand-Kommentar zum A. T., 1897, auch G. F. Moore, International Commentary, 1895.

²) Das ist jetzt nur noch in Andeutungen zu lesen, weil eine späte Redaktion es verwischt hat, vgl. Dillmann (Kurzgef. exeg. Hdb.) zu Ex. 32, 29 und Driver (International Commentary) zu Deut. 10, 8.

³) Woher der Name stammt, ist eine Frage für sich. Unwahrscheinlich wird nur Wellhausen's Vorschlag, ihn auf Lea, Jakob's Weib, zurückzuführen. Möglich bleibt, dass das Wort ursprünglich „Priester" bedeutete; der Entstehung des Stammes würde eine unmittelbare Ableitung von *lawa* „sich an jemanden anschliessen", unter Aufgabe seiner bisherigen Beziehungen (vgl. besonders Jes. 14, 1. 56, 6), am besten entsprechen.

⁴) Es ist öfter angenommen worden, dass der Stamm Juda nicht, wie Richt. 1 es erzählt, mit den übrigen vom Ostjordanlande, sondern selbständig, vom Süden her in Kanaan eingebrochen sei. Auch in diesem Falle würde es sich leicht begreifen, dass sich die Reste der beiden Stämme, die bei einem ersten Einfallversuche so kläglich gescheitert waren, nach Süden hin auf Juda zurückzogen, weil man ihnen den Jordanübergang verlegte.

⁵) Man lese Richt. 18, 30 den ursprünglichen Text „Mose", nicht den abgeänderten „Manasse".

⁶) Vgl. W. Max Müller, Asien und Europa u. s. w. 1893, S. 387 ff. und H. Winckler, Geschichte Israels in Einzeldarstellungen, I, 1895, S. 216 ff.

⁷) I. Sam. 10, 5. 13, 4.

⁸) Über die Frage, ob bloss die Pest dem ursprünglichen Wortlaut angehört, oder ob die beiden Plagen aus verschiedenen Quellen abzuleiten sind, vgl. die Kommentare.

⁹) Vgl. die Geschichte I. Kön. 17, 24 ff., die in Vorl. II verwertet wurde.

¹⁰) Vgl. insbesondere Abraham Gen. 20, 7, Mose's Deut. 18, 15, Mirjam Ex. 15, 20, Eldad und Medad Nem. 11, 26 ff., Debora Richt. 4, 4, ein ungenannter Prophet Richt. 6, 8, Samuel I. Sam. 3, 20.

¹¹) Eine alte Glosse c. 9, 9, stellt überdies ausdrücklich fest, dass man vorzeiten in Israel nicht von Propheten, sondern von Sehern sprach.

¹²) Sicher sind in I. Kön. 18, 19 „die vierhundert Propheten der Aschera" ein Einschub, schon weil sie in v. 22. 25 und vollends in v. 40, wo sie unentbehrlich wären, fehlen. Streichen wir sie, so ist es ausdrücklich von den Propheten des Baal gesagt, „dass sie am Tische der Isebel essen", d. h. zu ihrem Hofstaat gehören. Damit wird es weiter klar, dass sie Propheten des tyrischen Baal sein sollen, nicht des Baal des kanaanitischen Binnenlandes. Nur von dem Dienste des letzteren aber hätte Israel den Prophetismus zu Saul's Zeit übernehmen können. Das einzige Zeugnis, das man dafür zu haben glaubt, beweist also gar nichts. Übrigens sollte man erwarten, dass in I. Kön. 18 eher die Baalpriester als die Baalpropheten aufträten.

¹³) Vgl. II. Kön. 9, 11. Jer. 29, 26. Hos. 9, 7.

¹⁴) Vgl. für die angeführten Tatsachen I. Sam. 14, 18. 36 f. 41 ff; v. 24; 33 ff.; 38 ff.; 45. Der Wortlaut ist öfter beschädigt und bedarf der Wiederherstellung. Vgl. dafür K. Budde in Haupt's Polychrome Bible (The Sacred Books of the Old Testament) und die Kommentare.

¹⁵) Die Bedeutung und Ableitung des Wortes *nabî* ist immer noch sehr streitig. Die wahrscheinlichste Meinung ist wohl, dass es den Träger einer Botschaft bedeutet, was zu der hier vertretenen geschichtlichen Erklärung der Erscheinung vortrefflich passen würde.

¹⁶) In diesen Namen ist im Hebräischen später das Wort *bošet*, d. i. Schande, Schändlichkeit, an die Stelle von *baʿal* gesetzt worden, um die Aussprache des Namens eines heidnischen Gottes zu vermeiden.

¹⁷) Vgl. K. Budde, Die Bücher Richter und Samuel u. s. w., S. 255 ff.

¹⁸) Das wird ausdrücklich festgestellt nur in I. Chr. 3, 1; aber wir dürften und müssten es annehmen selbst ohne jede solche Überlieferung.

¹⁹) Das allmähliche Aufrücken Jerusalems zu der Würde des einzigen Heiligtums des Volkes Israel bietet ein schlagendes Seitenstück zu dem Siege Roms über alle seine Nebenbuhler als geistliche Hauptstadt der westlichen Christenheit im Mittelalter.

## Vierte Vorlesung.

### Die auswärtigen Mächte und die Schriftprophetie des Nordreichs.

Es war dasselbe Königtum, dem der Jahwismus eine so mächtige Förderung, ja den endgiltigen Sieg verdankte, das ihm auch einen ersten schweren Schlag versetzte, so schwer, dass eine Zeitlang alles Gewonnene von neuem in Frage gestellt wurde. Wer seine biblische Geschichte in treuem Gedächtnis bewahrt, denkt dabei gewiss sofort an Jerobeam I., den ersten König des Nordreichs. Werden doch seine goldenen Kälber in Dan und Bethel in den Königsbüchern immer wieder als die Wurzel alles Unheils gebrandmarkt. Aber um sie handelt es sich hier nicht. In Bethel, wo der Erzvater Jakob den ersten Altar errichtet hatte (Gen. 28. 35), durften auch die frommen Israeliten Jahwe ihre Opfer darbringen. Ein Jahwebild aber — denn das ist das Ephod (I. Sam. 14, 3. 23, 6. 9 u. s. w.) — führten auch Saul und David in ihren Heerlagern mit sich, und das alte Jahwebild zu Dan hatte ein Enkel Mose's dahin gebracht (Richt. 18). Wenn Jerobeam wirklich Ursache hatte, durch den Gottesdienst zu Bethel und Dan seine Untertanen von dem Besuche des Tempels zu Jerusalem zurückzuhalten, so hat er dies sicher durch umso eifrigeren und prunkvolleren Jahwedienst zu erreichen gesucht, nicht aber durch einen fremden Kult, der die frommen Ephraimiten nur umso sicherer hinübertrieb. Und das wird allerdings höchst wahrscheinlich, wenn das Heiligtum zu Bethel bei Amos (7, 13) ein „königliches Heiligtum" heisst, und wenn ihm nach der Genesis (28, 22) der Zehnte Jakob's zufliesst. Alle jene Verdammungsurteile des Königsbuchs sind in Wirklichkeit mehr als dreihundert Jahre jünger. Erst seit dem Jahre 621, dem achtzehnten Jahre König Josia's, war es dem Israeliten verboten, irgendwo anders als zu Jerusalem zu opfern, und erst seit dieser Zeit war jedes Bild und jedes Sinnbild Jahwe's verpönt. Wir dürfen vielmehr, seitdem Israel in zwei Königreiche gespalten war, gewiss sein, dass die Könige von Ephraim und Juda lange Zeit hindurch alles aufgeboten haben, sich an Jahwetreue zu überbieten. Denn in der Jahwetreue beruhte das eigentliche Merkmal des wahren Israel. War nun Israel gespalten, so musste jeder der beiden Könige vor allem hierdurch zu beweisen suchen, dass er der berufene Führer Israels sei.

Wirklich greifen denn auch die Keime gefährlicher Verirrung über die Teilung zurück in die Zeit des geeinten Reiches. Wir lesen im ersten Königsbuche (11, 1 ff.), dass Salomo's Herz durch die fremden Weiber von Jahwe abwendig gemacht wurde. Freilich redet auch dieser Abschnitt jetzt die Sprache des siebenten oder sechsten Jahrhunderts; aber er birgt gute alte Nachrichten. Sicher geschichtlich ist es, dass Salomo für seine fremden Weiber in der Nähe Jerusalems Kultstätten ihres heimischen Gottes erbaute, so für Kemoš, den Götzen der Moabiter, für Milkom, den Götzen der Ammoniter und wohl für andre mehr. Durch die Annahme des Königtums war eben Israel in den Kreis der politischen Mächte eingetreten. So klein auch das Reich war, man musste ringsum mit ihm rechnen, in Ägypten wie in Syrien, in Phönicien wie in Moab und Ammon. Aber ebensowenig konnte Israel ohne jene Mächte leben, deshalb musste jeder König auf ein freundschaftliches Verhältnis mit den Nachbarreichen bedacht sein. Das beste Mittel dafür boten auswärtige Ehebündnisse, wie schon der Briefwechsel von Tell-el-Amarna ein halbes Jahrtausend früher beweist[1]). Die Vielweiberei, die in Jerusalem so gut wie an allen orientalischen Höfen herrschte, bot die Möglichkeit, sich dieses Mittels in grösserem Umfang zu bedienen. Auswärtige Prinzessinnen aber, die Salomo mindestens ebenbürtig waren, konnten nicht zur vollen Preisgabe ihrer Religion gezwungen werden. Man musste ihnen und ihrem Hofstaate die Möglichkeit bieten, auch in Jerusalem den Göttern ihrer Väter zu dienen. So wurde ihnen ein Platz eingeräumt, wo ihr Privatheiligtum errichtet werden konnte. Vermutlich auf einem Fundamente aus heimischer Erde, wie Naeman der Syrer (II. Kön. 5, 17) umgekehrt zwei Maultiere mit palästinischer Erde belädt, um über dieser Erde dem Jahwe im fernen Syrien opfern zu können. Man sieht daraus, die fremden Götter genossen in solchen Fällen des Rechtes der Exterritorialität: ihre Kultstätte galt mitten im fremden Lande als heimischer Boden. Man mag damit politisch die Stellung vergleichen, die heute dem Vatican in Rom oder auch den fremden Botschaften in allen Hauptstädten eingeräumt ist; in religiöser Beziehung die katholische Kapelle, die der Königin Maria Stuart in ihrem Schlosse zu Edinburgh, im Herzen des strengsten Calvinismus, zugestanden war. Solche Kultstätten fremder Götter bedeuteten nicht notwendig eine Schädigung der einheimischen Religion. Wenn irgend eine der Gemahlinnen Salomo's, so hat die vielgefeierte Tochter des Pharao die Vergünstigung genossen, ihren heimischen Göttern auch in Jerusalem zu dienen. Dennoch bestand gewiss nicht die geringste Gefahr, dass das judäische Volk dadurch mit ägyptischem Götzendienst wäre angesteckt worden. Nicht die leiseste Spur davon ist auf uns gekommen. Je weniger eine Königin aus den Mauern des Harems in die Öffentlichkeit hinaustrat, und je fremder die Gottheiten, die sie verehrte, dem Volke Israel gegenüberstanden, desto harmloser und gleichgiltiger war solcher fremde Kult in seiner Mitte.

Aber wenn schon unter Salomo nicht immer alle Gefahr ausgeschlossen war, so kam im Nordreiche die Zeit, wo ein Kampf auf Leben und Tod zwischen Jahwe und seinen Nebenbuhlern daraus entbrannte. Natürlich kann es sich nur um Ahab von Israel handeln. Seine Ehe mit Isebel, der Tochter des

Königs Ittobaal von Tyrus, jedenfalls schon von seinem Vater Omri vermittelt, war zunächst von weit tragender politischer Bedeutung. Denn seitdem König Asa von Juda die Syrer von Damaskus gegen das Nordreich zu Hülfe gerufen hatte (I. Kön. 15, 18ff.), rang dieses in verzweifeltem, immer neu entbrennendem Kampfe mit dem übermächtigen Gegner. In solcher Not wurden die alten freundschaftlichen Beziehungen zu Phönicien wieder angeknüpft, die schon David und Salomo unterhalten hatten; noch Amos (1, 9) weist auf den „Bruderbund" mit Phönicien zurück. Und wirklich erstarkte Ephraim politisch unter dem kräftigen Omri und seinem staatsklugen Sohne Ahab; nicht nur erwehrten sie sich der auswärtigen Feinde, sondern es gelang sogar, längst verlorenes Gebiet von Moab zurückzuerobern und dieses Volk selbst tributpflichtig zu machen. Aber die tyrische Königstochter war nicht gewillt, sich und ihre heimische Religion in die Mauern des Palastes einschliessen zu lassen. Tatkräftig und ehrgeizig wie ihre Tochter Athalja, die sich später als Königinmutter durch Gewalttaten zur Herrschaft aufschwang, scheint sie in die Staatsregierung eingegriffen zu haben. Ebenso gelang es ihr, für den Stadtgott von Tyrus, den Baal-Melkart, das Recht des öffentlichen Kultus durchzusetzen, sodass sich in der Hauptstadt Samaria sein Tempel erhob. Viel Schlimmeres noch weiss der Volksmund in der Geschichte des Propheten Elia von Ahab zu berichten, dem mit Recht alles, was seine Gemahlin Isebel tut, zur Last gelegt wird. Er hat die Propheten Jahwe's verfolgt, und nur Elia ist durch wunderbare Hülfe vor seiner Wut bewahrt geblieben. Er hat Jahwe's Altäre eingerissen, und nur ganz in der Stille sind von dem ganzen Volke siebentausend übrig geblieben, die Jahwe die Treue bewahrt haben. Schwerlich kann man dies alles als buchstäblich wahr annehmen. Steht doch dicht daneben (I. Kön. 22) die Geschichte, wie vierhundert Jahwepropheten zugleich vor Ahab und zu seinen Gunsten weissagen, und sogar sein Gegner Micha ben Jimla lebt in seiner Nähe und darf ungestraft, wenn auch ungern gehört, seinen ungünstigen Gottesspruch äussern. Alle Kinder des Königs, seine Söhne Ahasja und Joram und seine Tochter Athalja, legen mit ihrem Namen ein Bekenntnis für Jahwe, den Gott Israels ab; denn in allen nimmt der Name des Gottes Israels *(-ja, jo-)* eine Stelle ein. Keine nachträgliche Namensänderung, wie sie sonst so häufig vollzogen wurde, giebt Kunde davon, dass Ahab sich von Jahwe ab- und dem Baal zugewendet habe. Man darf daher ruhig sagen, dass es nicht ein offener Religionswechsel des Königs, nicht Gewaltmittel von oben herab waren, die den Baaldienst so überhand nehmen liessen. Auch die offene und eifrige Begünstigung der Königin, die Nachsicht und Gleichgiltigkeit des Königs konnten wohl die Höflinge dafür gewinnen, aber schwerlich die grosse Masse des Volkes.

Dass der Dienst des tyrischen Baal zu einer Gefahr wurde, die dem Jahwedienst in Nordisrael auf die Dauer den Untergang drohte, hatte tiefer liegende Gründe. Es handelte sich hier nicht um eine wildfremde Religion, wie etwa die der Tochter Pharao's, sondern um denselben Kult, den Israel Jahrhunderte lang neben dem seines Gottes Jahwe getrieben hatte. Erst vor nicht gar zu langer Zeit hatte es diesen Dienst dem Namen nach aufgegeben; aber seine Hauptbestandteile, Bilder und Sinnbilder, Opfer und Feste, Bräuche und Handlungen aller Art, waren in den Jahwedienst aufgenommen. Noch war diese Wandlung so neu, dass grosse Massen in Israel, vor allem auf dem platten Lande, zwischen dem Dienste Jahwe's und Baal's kaum zu unterscheiden wussten. Und nun brach dieser Baal von aussen her wieder in das Land ein, und obendrein diesmal nicht als der Gott leibeigener Knechte, wie der Baal Kanaan's, sondern als der Gott des stolzen und reichen Herrenvolkes der Phönicier, dessen Überlegenheit über Israel jedem in die Augen fiel. Unter seinem Beistand schien sich Land und Volk von schwerem Druck zu erholen: was Wunder, dass man sich ihm zuwandte und Jahwe mehr und mehr vergass.

Aber sobald diese Gefahr näher rückte, trat auch das Prophetentum wieder auf den Plan. Galt es doch zu verteidigen, was gerade das Prophetentum allen voran erkämpft hatte, die Herrschaft Jahwe's über Kanaan. Und wie zu Saul's Zeiten, so galt es auch hier zugleich nationale Güter, zwar zunächst nicht die Freiheit nach aussen, wohl aber die im Innern. Denn mit dem Baaldienst zugleich drang auch ausländischer

Despotismus in Nordisrael ein, und immer tiefer tat sich die Kluft auf zwischen dem überfeinerten und genusssüchtigen Hofe und dem vergewaltigten und ausgesogenen Volke, das ihm die Mittel zu seiner üppigen Schwelgerei liefern musste. Palästina war ein kleines und verhältnismässig armes Land, und sein Volk musste es schwer empfinden, wenn der König es den reichen Stadtkönigen der Phönicier gleichtun wollte. Der Protest der Propheten gegen diese Schäden ist in der Geschichte von Nabot's Weinberg (I. Kön. 21) niedergelegt: wir dürfen sicher sein, dass damit nur ein Fall unter vielen der Nachwelt überliefert ist. Die Klage über solche Kultursünden, über den grellen Gegensatz zwischen der Genusssucht und Gewalttätigkeit der Vornehmen und der Armut und Knechtschaft der Geringen verschwindet seit jener Zeit nicht mehr von dem Sündenregister, das die Propheten aufrollen. Und doch gab es Leute, die aus dem Baaldienst und den socialen Schäden ihrer Zeit noch herbere Schlüsse zogen, als selbst die Propheten. Viel weiter als das Eifern eines Elia geht, was wir von einem merkwürdigen Zeitgenossen dieses Propheten vernehmen. Es ist keineswegs Zufall, dass gerade damals Jonadab ben Rekab, der Abkömmling der alten Keniter, von dem wir schon gehört haben, seine kulturfeindliche Sekte stiftete. Die Gefahren der Kultur drängten sich eben damals so überwältigend auf, dass ein Pessimismus berechtigt erschien, der nur in der Rückkehr zum ausschliesslich nomadischen Leben, im Verzicht auf alle Kulturgüter, das Heil sah.

Und die Ereignisse schienen die Schlüsse dieses Eiferers zu bestätigen; denn eine Reihe von Unglücksschlägen folgte sich in kurzer Zeit, die man kaum anders wie als Strafe für jene Versündigungen auffassen konnte. Ahab starb in der Schlacht, sein Sohn Ahasja kam durch einen Unglücksfall ums Leben. Und zu dem Unglück im Königshause kam das des ganzen Landes und Volkes. Die Syrerkriege brachen mit erneuter Heftigkeit aus und nahmen alle Kräfte des Landes in Anspruch, sodass das kleine Moab sich empören und von Israel losreissen konnte (II. Kön. 3, 4ff.)[2]. Der Glanz des Hauses Omri sank in den Staub, und ein allgemeines Strafgericht über Israel schien hereinzubrechen. Man brauchte nicht lange zu fragen, wer es gesandt hatte. Es war derselbe Jahwe, der einst, als Israel zum Dienste der Baale abgefallen war, die Philister ins Land gerufen und sogar seine Lade in ihre Hände gegeben hatte. Lange hatte er Nachsicht geübt: jetzt brach das Verderben herein. Wird es bei dem sündigen Königshause Halt machen, oder wird es das ganze Volk ergreifen und mit jenem in den Abgrund reissen?

Wieder war es das Prophetentum, das durch tatkräftiges Eingreifen das Schlimmste zu verhüten suchte (II. Kön. 9. 10). Verwundet ist der zweite Sohn Ahab's, König Joram von Israel, aus dem Feldlager nach der Residenz Jisreel zurückgekehrt, um sich dort ausheilen zu lassen, der dritte vom Hause Omri's, den Jahwe's Finger angerührt hat.

Da erscheint ein Schüler des Propheten Elisa im Feldlager zu Ramoth in Gilead und salbt einen der Heerführer, Jehu ben Nimši zum Könige über Israel. Das Heer stimmt zu, und ungesäumt macht sich Jehu auf den Weg, um sich des Thrones zu bemächtigen. König Joram fällt bei der ersten Begegnung; Isebel wird aus dem Fenster gestürzt; die königlichen Prinzen werden von den feigen Stadthäuptern von Samaria geschlachtet; selbst das davidische Königshaus wird von dem furchtbaren Wüten mitgetroffen und fast völlig ausgerottet. Dann folgt das Strafgericht über die Baalverehrer zu Samaria. König Jehu nimmt dazu den Eiferer Jonadab ben Rekab auf seinem Wagen mit, damit er seine Lust daran schaue. In Strömen Blutes geht der Dienst des tyrischen Baal zugleich mit dem Königshause unter. Es unterliegt keinem Zweifel, dass Jehu eben deshalb der Thronkandidat der Propheten wurde, weil er als Eiferer für reinen Jahwedienst bekannt war. Schon deshalb dürfen wir fest überzeugt sein, dass er und seine Nachfolger eifrig bestrebt geblieben sind, die Ausschliesslichkeit und Reinheit des Jahwedienstes in Israel zu sichern. Es wird vollends dadurch bestätigt, dass wir das Prophetentum, wenn wir den volkstümlichen Berichten des zweiten Königsbuches trauen dürfen, noch volle zwei Menschenalter unentwegt zur Seite des Königtums, als Stütze des Thrones, antreffen.

Nach diesen zwei Menschenaltern stossen wir auf zuverlässigere Zeugen, es sind die Bücher der

Schriftpropheten, die uns, jeder für seine Zeit, ein scharfes Spiegelbild der religiösen Zustände und Überzeugungen darbieten. Die beiden ältesten unter ihnen, die Propheten des sinkenden Nordreiches, Amos und Hosea, sollen uns sagen, was für religiöse Wirkungen der Sturz des Hauses Omri und seines Baaldienstes hinterlassen hat. Wir stehen da vor einem seltsam zwiespältigen Bilde. Höchst überraschend, ja geradezu überwältigend, tritt uns bei Amos die Grösse seines Gottesbegriffes entgegen. Es ist nicht Monotheismus, nicht der Glaube an einen Gott unter Ausschluss der Existenz aller übrigen; wohl aber der an die unbedingte Überlegenheit Jahwe's über die andern Götter, und damit der Sache nach an seine Allmacht. Es ist dafür vollkommen gleichgiltig, ob man eine Reihe von Stellen (4, 13. 5, 8f. 9, 6) als unecht streicht, Doxologieen, in denen Jahwe als der Schöpfer des Himmels und der Erde gepriesen wird. Denn das ganze Buch des Amos tritt für dieselben Anschauungen ein. In 7, 4 und 9, 2f. wird Jahwe die Machtvollkommenheit über jeden Bereich der Welt zugesprochen. Das erste Kapitel sagt ein Strafgericht Jahwe's über alle umwohnenden fremden Völker an. Nach 9, 7 hat Jahwe nicht nur Israel aus Ägypten, sondern ebensogut die Philister aus Kaphtor und die Aramäer aus Kir heraufgeführt. Er würde, so lässt dieselbe Stelle schliessen, mit den Kuschiten, den Bewohnern des fernsten Südlandes[3]), ebenso nach seinem Gutdünken verfahren, wie er es mit Israel getan. Ziehen wir die Folgerungen aus solchen Aussagen, die ohne Beweis als selbstverständlich auftreten, so erscheinen die Götter der Heidenvölker als Jahwe's Untergebene. Sie können wohl einmal im Übermut sich einbilden, selbständige Macht zu besitzen, im Grunde aber führen sie doch nur Jahwe's Willen und Befehle aus. Das ist genau die Rolle, die ihnen samt den Königen, die ihnen dienen, einige Jahrzehnte später von Jesaja (10, 5ff.) angewiesen wird. Ein gewaltiger Fortschritt gegenüber der Anschauung, die einst Israel nach der Einwanderung in Kanaan nötigte, den Baalen seinen Dienst zu zollen, oder gegenüber der, die David (I. Sam. 26, 19) in den Mund gelegt wird, dass man im fremden Lande auch fremden Göttern dienen müsse! Sicherlich hat dazu der Sieg über den tyrischen Baal nicht wenig beigetragen. Ägypten, Kanaan, Philistäa hatte Jahwe vor Zeiten zu Boden geworfen; nun aber hatte er in der letzten Zeit auch den Gott des mächtigen und reichen Volkes der Phönicier geschlagen: wer konnte diesem Gotte widerstehn[4])!

Sind aber darum die Schriftpropheten völlig einverstanden mit ihren Vorgängern, die die Empörung Jehu's angestiftet und unterstützt hatten? Hosea giebt uns die Antwort darauf, ganz im Beginn seines Buches. „Noch ein Kleines, so will ich das Blut, das zu Jisreel geflossen ist, an dem Hause Jehu's heimsuchen und werde dem Königtum des Hauses Israel ein Ende machen!" Hier ist nichts andres gemeint, als die mit Jehu's Thronbesteigung verbundenen Greueltaten, die Ströme von Blut, in denen das Haus Omri und der tyrische Baal untergingen. Was also einst der Eiferer Jonadab ohne mit der Wimper zu zucken, mit Wohlgefallen und innerem Triumph, angesehen, was die Propheten zu jener Zeit nicht abgehalten hatte dem Hause Jehu's treu zur Seite zu stehn, das erscheint dem Schriftpropheten Hosea so sündhaft, so abscheulich, dass noch nach drei Menschenaltern das Königsgeschlecht mit der Blutschuld belastet ist und an ihr zu Grunde gehn soll. Wie erklärt sich ein so widersprechendes Urteil über dieselbe Sache innerhalb desselben Standes?

Wir werden die Antwort finden, wenn wir uns erinnern, mit welchen Hoffnungen das Prophtentum die Empörung Jehu's begrüsst und begünstigt hatte. Es sah in der Syrernot den handgreiflichen Beweis, dass Jahwe Israel wegen des eingerissenen Baaldienstes zürne; es hoffte und glaubte zuversichtlich, dass mit der Beseitigung des Baaldienstes auch diese Strafe von Israel weichen, dass Israel, zum treuen Dienst seines Gottes zurückgekehrt, unter Jahwe's Führung alle seine Feinde überwinden würde. Diese Hoffnung trog. Aus den assyrischen Denkmälern wissen wir, wovon die Heilige Schrift nichts berichtet, dass Jehu gleich nach Antritt seiner Regierung einen Tribut an Salmanassar II. von Assyrien zahlte, womit er sich als seinen Vasallen bekannte[5]). In demselben Jahre unternahm Salmanassar einen verheerenden Feldzug gegen Israels Erbfeind Damaskus und schloss dessen König Hasael in seiner

Hauptstadt ein. Hat Jehu durch seinen Tribut diese Hülfe im voraus erkauft, oder hat er dadurch erst nachträglich, nachdem Damaskus niedergeworfen war, die assyrische Gefahr von Israel ferngehalten? Wir wissen es nicht; doch mag das letztere wahrscheinlicher sein, da Tyrus und Sidon mit ihm zugleich Tribut zahlen. In jedem Falle aber lag darin eine schwere Enttäuschung der prophetischen Partei, die mit der Ausrottung des Baaldienstes alle Gefahr beseitigt glaubte. Aber es kam noch schlimmer. Nur wenige Jahre konnte Salmanassar seine Streitkräfte nach Westen senden, und sobald sie ausblieben, erhob sich Damaskus von neuem. Es kam für seinen Erbfeind, das nördliche Königreich Israels, eine entsetzlich schwere Zeit, von der uns die Andeutungen des Königsbuches (vgl. II. Kön. 8, 7 ff. 12, 18 ff. 13, 7) eine Ahnung geben. Mehr als ein Menschenalter hindurch hatten die Könige aus dem Hause Jehu mühsam um ihr Dasein zu ringen. Nichts also hatte in diesem Hauptpunkte die Ausrottung des Baaldienstes gefruchtet; denn die Strafe war nicht gewichen, Jahwe zürnte Israel nach wie vor. Warum tat er es: was verlangte er noch mehr, abgesehen von dem ausschliesslichen Dienste seiner Person? So musste auf Grund des mit Jahwe geschlossenen Bundes das Gewissen des Volkes Israel fragen, sein Gewissen, das verkörpert war in dem Prophetentum. Und wieder erinnern wir uns, dass nicht der Baaldienst allein den Sturz des Hauses Omri herbeigeführt hatte, sondern neben ihm seine Gewalttaten, für die der Mord

Naboth's als klassisches Beispiel dasteht. Dieser Krebsschaden des Königtums war von Jehu und seinem Hause nicht beseitigt worden: mit List, Trug und Greueltaten hatte er sein Königtum begründet, und gewiss waren die schweren Zeiten, die folgten, nicht geeignet, das Joch des Volkes zu erleichtern. Solche Misshandlung seines unschuldigen Volkes konnte Jahwe nicht ruhig ansehen: deshalb fuhr er fort zu zürnen und hob die Strafe nicht auf.

Durch solche Erfahrungen und Erwägungen kam das Prophetentum zu neuer Erkenntnis. Es war Jahwe nicht genug, dass ihm und nur ihm gedient wurde; alles kam darauf an, wie ihm gedient wurde. Jahwe ist der Gott der Gerechtigkeit, der Sittlichkeit; seine oberste, ja die einzige unerlässliche Forderung an seine Diener ist Gerechtigkeit, ist Sittlichkeit. Das wird offen von Hosea ausgesprochen, wenn er dem Hause Jehu Jahwe's Strafe weissagt, trotz des Verdienstes, das es sich mit dem Sturze des Baaldienstes erworben hat. Derselben Überzeugung aber begegnen wir auch schon bei seinem Vorgänger Amos. Nicht weil sie Götzendienst üben, bedroht er Damaskus und Philistäa, Tyrus und Edom, Ammon und Moab mit furchtbarer Strafe — noch gilt dies den Propheten Israels bei fremden Völkern nicht als Versündigung. Nur Gewalttat, Grausamkeit, Treulosigkeit ist es, womit sie die Strafe verwirkt haben, und sogar das scheint gleichgiltig, ob dabei Jahwe's Volk Israel der leidende Teil gewesen ist. Soll doch Moab (Am. 2, 1) bestraft werden wegen der Schändung der Leiche eines edomitischen Königs! Es ist also die Sittlichkeit an sich, die Jahwe fordert, die Unsittlichkeit an sich, die er bestraft; die Schranken des Partikularismus, der bloss nationalen Religion, sind damit im Grundsatz durchbrochen, Universalismus und individuelle Religion müssen daraus auf die Dauer emporwachsen.

Freilich wäre es ein grosser Irrtum, wenn man meinen wollte, ganz Israel oder auch nur das ganze Prophetentum habe diesen Schritt vollzogen und diese Erkenntnis errungen. Nur um das Schriftprophetentum handelt es sich, und dessen Wege trennen sich von da an scharf und unwiederbringlich von denen des volkstümlichen Prophetentums. Wir haben gehört, dass die Wurzel des Prophetentums eine doppelte war, eine nationale einerseits, eine religiöse anderseits. Das Überwiegen des einen oder des andren dieser beiden Triebe führt jetzt zu einer Spaltung. Den Einen genügte ein starkes, selbstständiges Volkstum und strenge, ausschliessliche Übung der nationalen Religion des Jahwedienstes; deshalb standen sie dem Königtum nach wie vor als Helfer zur Seite. Sie lebten der Zuversicht, dass Jahwe sich durch treuen Dienst endlich zum Einschreiten werde bewegen lassen und die Existenz der Nation auf immer sichern werde. Diese Richtung des Prophetentums hatte das Volk auf ihrer Seite; ihre Vertreter wurden gern gehört und durften auf Glauben und Gehorsam rechnen. Die andren, die nicht optimistisch, sondern weit eher pessimistisch in die

Zukunft sahen, die strenge Forderungen stellten und rücksichtslos rügten, was diesen Forderungen zuwider war, begegneten Unglauben und Spott. Wir haben das Beispiel dafür schon zu König Ahab's Zeiten (I. Kön. 22). Als Josaphat von Juda mit ihm in den Syrerkrieg ziehen soll, begehrt er erst ein Jahweorakel. Die Propheten des Königs werden befohlen und weissagen einhellig glückliches Gelingen. Auf Josaphat's Wunsch wird endlich auch noch Micha ben Jimla geholt, den Ahab hasst, weil er immer Unheil, nie etwas Gutes für ihn verkündet. Nur mit Widerstreben äussert er endlich sein Orakel, dass Israel eine Niederlage bevorstehe und Ahab in der Schlacht fallen werde, und muss seine Aufrichtigkeit mit schwerer Haft büssen.

Mag man gegen die Geschichtlichkeit dieser Erzählung mancherlei einzuwenden haben, so spiegelt sie doch sicherlich mit grosser Treue das Verhalten und das Schicksal der beiden einander gegenüberstehenden prophetischen Parteien des nächstfolgenden achten Jahrhunderts, und bis in die Zeiten Jeremia's und Hesekiel's fehlt es uns nicht an schlagenden Beispielen dafür. Wir sind gewohnt, die volkstümliche Prophetie einfach als die falsche Prophetie zu bezeichnen; aber unsere Erzählung rechtfertigt diesen Namen nur, wenn er *cum grano salis* verstanden wird. Die vierhundert Propheten, die Ahab Heil weissagen, äussern wirklich nur, was ihnen von Jahwe eingegeben ist; Micha aber hat die himmlische Ratsversammlung belauscht und dabei erfahren, dass Jahwe's

Ratschluss in Wahrheit ein ganz andrer ist. Aber Jahwe will Ahab durch eine trügerische Weissagung in den Tod stürzen. Er selbst hat den „Lügengeist" ermächtigt, in den Mund der Propheten Ahab's zu fahren. Dass man dergleichen von Jahwe voraussetzt, ist im Alten Testamente keineswegs etwas Ungeheuerliches, noch etwa auf Erzählungen im Volksmunde beschränkt. Noch das Deuteronomium im siebenten Jahrhundert, die ernsthafteste, an heiliger Scheu unantastbarste aller Schriften, erkennt in c. 13, 2—5 die Möglichkeit an, dass Jahwe sein Volk durch Trugweissagungen versuche. Wir haben also in dem sogenannten falschen, besser dem einseitig nationalen Prophetentum keineswegs eine Rotte von bewussten Lügnern und Heuchlern zu sehen. Sie sind vielmehr die verspäteten Vertreter einer älteren und überholten Stufe der Entwickelung der Prophetie, die an sich und in der Regel mit gutem Gewissen und aus voller Überzeugung in Jahwe's Namen ihre Aussprüche erteilen. Sie haben sich eben der Vertiefung des Gottesbegriffes zu einer unbedingt ethischen Auffassung Jahwe's verschlossen und dringen deshalb in die Tiefen seines Ratschlusses nicht mehr ein. Indem sie die äusserlichen Formen der alten Prophetie mehr und mehr handwerksmässig fortpflanzen, täuschen sie sich selbst über den Verlust ihres inneren Berufes. Indem sie den äusserlich ritualen Jahwedienst des Volkes als zureichend gelten lassen, bleiben sie das schwerste Hindernis seines religiösen Fortschritts.

Diesem Stillstand und Rückschritt widersetzt sich die kleine Schaar der wahren Propheten, von denen wir in den Prophetenbüchern eine Anzahl kennen lernen. Gerade ihr Misserfolg, der Unglaube des Volkes, wird es vor allem gewesen sein, was ihnen den Griffel in die Hand gedrückt hat. Die Masse des Prophetentums bedurfte dessen nicht; denn ihre Worte setzten sich in Taten um, weil man ihnen folgte. Die wahren Propheten aber, die keine Erfolge in der Gegenwart zu verzeichnen hatten, brachten ihre Aussprüche durch die Schrift auf die Nachwelt, damit sie wenigstens bei dieser ein Echo fänden oder zum allermindesten von ihr das Zeugnis erhielten, dass ihr Inhalt Wahrheit gewesen. Wir haben in Jes. 8 das klarste Beispiel dafür. Gerade weil Ahas den Glauben verweigert, muss Jesaja zum Zeugnis für zukünftige Zeiten den Namen seines Sohnes, Raubebald-Eilebeute, in Gegenwart zuverlässiger Zeugen auf eine Tafel schreiben, damit, wenn die Weissagung eintrifft, der Beweis vorliege, dass Jesaja dies vorher verkündigt habe. Weiss doch auch das Deuteronomium (18, 20—22) kein andres Mittel, den wahren Propheten von dem falschen zu unterscheiden, als das Eintreffen seiner Weissagung; ebenso verlangt Jeremia (28, 8—10) wenigstens für jede Heilsweissagung die Bestätigung durch den Erfolg; nur die Unheilsweissagung hat das Vorurteil der Wahrheit für sich.

Indem so die ethische Prophetie zur Schriftstellerei überging, ermöglichte sie zugleich eine stetige

Weiterbildung und Vertiefung der Religion Israels, wenn auch nicht in den breiten Massen des Volkes, so doch in dem Herzen seiner edelsten Vertreter. Denn nun konnte jeder Nachfolger in die Fusstapfen seiner Vorgänger treten, sich an ihrer Erkenntnis fördern, und was sie beigesteuert, weiter ausbilden und vervollkommnen. Die Reden der Schriftpropheten bilden von jetzt an die festesten Anhaltspunkte für die Erkenntnis der religiösen Entwickelung Israels. Und während bis dahin der schlichte Glaube an Jahwe und eine bestimmte Religionsübung den ganzen Inhalt der Jahwereligion ausmachten, kann man von jetzt an von religiösen Ideen, ja mehr und mehr von einer geschlossenen Theologie reden, die sich in neuen Persönlichkeiten immer neu gestaltet und weiter entwickelt. Die alten Propheten hatten nur eigentliche Jahwesprüche, knappe Entscheidungen aus der Zeit für die Zeit dargeboten. Auch die Schriftpropheten erhielten und boten solche Aussprüche und Entscheidungen. Aber wenn sie einmal zur schriftlichen Niedersetzung übergingen, so begnügten sie sich nicht damit, diese Aussprüche in ihrer ursprünglichen Kürze und Abgerissenheit neben einander zu stellen. Sie führten sie vielmehr aus zu ganzen Predigten; sie schlossen an die Jahwesprüche Reflexionen über das Wesen Jahwe's und seines Ratschlusses mit seinem Volke Israel. In diesem Verfahren schloss einer sich an den andern an, und jeder folgende Prophet sucht die neu auftauchenden Fragen und Rätsel mit den ihm von Jahwe verliehenen neuen Aufschlüssen und Kräften in seiner Weise zu lösen.

Wir wollen nun das erste Beispiel einer solchen Vertiefung der religiösen Erkenntnis durch Reflexion näher ins Auge fassen. Wie wir in der ersten Vorlesung sahen, bestand der alte Glaube Israels darin, dass Jahwe der Gott Israels, Israel das Volk Jahwe's ist, und dass dies so ist durch einen beiderseitigen Entschluss, durch einen Bund, den Jahwe mit Israel geschlossen hat. Dieser alte Glaube geht bei den beiden ersten Schriftpropheten, Amos und Hosea, eine Verbindung ein mit der Überzeugung von der unbedingten Überlegenheit, der unbeschränkten Macht Jahwe's, die ihnen aufgegangen war. Hat Jahwe an sich über alle Völker gleiche Gewalt, so ist sein Wille bei der Erwählung Israels unumschränkt, sein Entschluss völlig frei gewesen: er hätte ebensogut irgend ein andres Volk sich zum Eigentum erwählen können wie Israel. Warum hat er gerade dieses erwählt? Die Frage wird brennender, seitdem man gelernt hat, am eigenen Volke Kritik zu üben. Je mehr der Gesichtskreis sich erweitert, desto mehr erkennt man, dass Israel nicht das grösste, mächtigste, glänzendste Volk ist; je mehr die sittliche Erkenntnis sich vertieft, desto schmerzlicher empfindet man es, dass Israel sich keineswegs vor andren Völkern durch Tugenden auszeichnet, die es Jahwe besonders wohlgefällig machen könnten. Diesem Rätsel gegenüber bleibt Amos bei der einfachen Tatsache stehn, bei dem souveränen Willen Gottes. „Seid ihr mir nicht gerade soviel wie die Kuschiten, ihr Kinder Israel?" Damit sagt Amos (9, 7) so deutlich wie möglich, dass er nicht weiss, was Jahwe dazu getrieben hat, die Kinder Israel zu erwählen; aber wohl weiss er, was für sie daraus folgt. „Bloss eurer habe ich mich angenommen unter allen Geschlechtern der Erde; darum werde ich an euch heimsuchen alle eure Verschuldungen" (3, 2). Den Rechten entsprechen die Pflichten; den Sünden die Strafe. Und ist es nur der unerforschliche, für uns grundlose Wille Jahwe's, dass er sie erwählt hat, so kann und wird er sie ebensogut verwerfen und verstossen, wenn sie nicht seinen Willen tun. Dieser Wille Jahwe's aber besteht nicht in prunkvollem Gottesdienst aller Art, wie sie ihn lieben und eifrig darbringen — wir erkennen darin die Strömung, die seit Jehu stetig in Israel geherrscht hat. Solchen Gottesdienst hat Jahwe von den Vätern in der Wüste nicht verlangt, er ist ihm ein Greuel; er ist nur übertünchter Götzendienst und wird als solcher gebrandmarkt. Gerechtigkeit ist es, was Jahwe verlangt; Gerechtigkeit, wogegen Israel sich in seinem Tun aufs schwerste vergeht (5, 21—25). Darum wird Jahwe Israel mit Krieg und Verbannung auf das fürchterlichste heimsuchen, und selbst von dem Jammer ergriffen singt Amos seinem Volke das ergreifende Klagelied:

    Es fiel, um nicht mehr aufzustehn
      Die Jungfrau Israel;
    Auf dem eignen Boden schlug sie hin,
      Niemand hebt sie auf. (5, 1f.)

Nichts Tröstlicheres hat Hosea zu verkünden. Aber über den abstracten Willensact Jahwe's bei der Erwählung Israels kommt er hinaus, und wenn bei Amos die endgiltige Verwerfung Israels wenigstens grundsätzlich durchaus möglich ist — die Echtheit des Schlussabschnitts 9, 11—15 oder 9, 8—15 ist stark bestritten — so ist sie bei Hosea ausgeschlossen. Sein eigenes trauriges Geschick in der Ehe mit einem untreuen Weibe hat seinen Blick vertieft: er hat darin das treue Abbild von Jahwe's Verhältnis zu Israel erkannt. Wie er selbst von seinem Weibe nicht lassen kann trotz aller ihrer Vergehungen, wie er sogar nach der Scheidung sich unwiderstehlich gedrungen fühlt, sie zurückzukaufen und wieder als sein Weib anzunehmen: so kann auch Jahwe von Israel nicht lassen trotz all seiner Sünden. Er muss es strafen, er muss es verbannen; aber selbst in der Verbannung bleibt es sein Volk und er Israels Gott, und die Zeit kommt, wo er es wieder in Gnaden annimmt[6]). Hier ist eine Erklärung für Israels Erwählung gefunden, aber in einer Tatsache, die selbst wieder jeder Erklärung spottet. Es ist die unergründliche Regung der persönlichen Liebe, des Zuges von Herz zu Herzen, der unlöslich mit der Persönlichkeit verwachsen ist und stärker als alle vernünftige Überlegung. Es ist das Müssen des Mannes in der Paradiesesgeschichte, der nach der Rippe sucht, die Jahwe ihm genommen hat. Das gilt keineswegs nur von dem ersten Manne, sondern von jedem, so lange die Welt steht. Nur ein Weib auf der ganzen Welt ist aus seiner Rippe gebildet; s i e sucht er mit unwiderstehlichem Triebe, weil nur sie ihm ergänzen kann, was ihm fehlt. Ebensowenig wie der Mann von diesem Weibe, wenn er es gefunden, lassen kann, kann Jahwe von Israel lassen, weil Liebe ihn gedrungen hat, es zu erwählen. Gegenüber der unerbittlichen Folgerichtigkeit der Weltanschauung eines Amos tun sich hier die Tiefen einer Mystik auf, die in dem Kreislauf der religiösen Stimmungen und Anschauungen immer wieder Recht behält, wie herrlich weit man es auch in der Abstraction und Sublimierung des Gottesbegriffes bringen mag.

Diese beiden ersten, gewaltigen Propheten, in denen die beiden Pole der Schriftprophetie ein für alle Male unerschütterlich festgelegt sind, haben mit der Weltmacht gerungen und sie überwunden. Es war die Weltmacht Assyrien, die unaufhaltsam vorrückte und längst auch an Israels Tore pochte. Wer die Zeichen der Zeit damals nüchtern beobachtete, musste voraussehen, dass diese Macht das kleine Volk über kurz oder lang unerbittlich zermalmen würde. Der religiöse Glaube Israels, wie er etwa bei den ehrenwerten Gliedern des volkstümlichen Prophetentums herrschte, mochte sich dagegen bäumen und sich an den Glauben anklammern, dass Jahwe die Macht habe, sein Volk zu schützen. Diesen Glauben teilten auch Amos und Hosea; aber sie sahen darin keinen Schutz für ihr Volk. Da sie vielmehr seine Sündhaftigkeit durchschauten, so erkannten sie gerade in dem unaufhaltsamen Fortschreiten der Assyrer den Willen Jahwe's, der auf die Strafvernichtung seines Volkes gerichtet war. Nicht die stürmische Gewalt seiner krieggewohnten Heeresmassen, nicht die Überlegenheit seiner Götter führte Assyrien von einem Siege zu dem andern. Jahwe selbst war es, der es zur Geissel über schuldige Völker, vor allem über sein eigenes Volk Israel heranführte. So wurde Jahwe nicht zugleich mit seinem Volke in den Staub gestreckt, wie die Götter der übrigen Völker; sondern in dem Untergange seines Volkes bewies er seine Macht und feierte er seinen Triumph. Sein Dasein und seine Grösse waren nicht mehr an die seines Volkes gebunden, und anderseits konnte er, sobald es ihm gefiel, auch aus der tiefsten Erniedrigung sein Volk wieder aufrichten und die heidnische Weltmacht in Stücke schlagen. Mit diesem Glauben war der Fortbestand der Jahwereligion auch über den nationalen Zusammenbruch Israels hinaus gesichert. Es bedurfte dafür keines Staatswesens, keines selbständigen Volkes mehr, sondern nur der Bekenner, die in diesem Glauben der Propheten standen.

Nur zu bald gaben die Ereignisse den beiden Propheten Recht. Zuerst erreichte die Strafe das Haus Jehu. Des mächtigen Jerobeam II. Sohn Sacharja wurde nach halbjähriger Regierung von einem Empörer erschlagen. Ob er der letzte seines Geschlechtes war, oder ob die übrigen königlichen Prinzen dahingemordet wurden, wie einst die des Hauses Omri durch Jehu, darüber lässt uns die wortkarge Notiz II. Kön. 15, 10 im Ungewissen. Sicher ist, dass mit ihm das Haus Jehu sein Ende fand. Von da an haben Thronstreitigkeiten und Bürgerkriege, wie Hosea sie ahnen lässt, das beste Mark des Landes verzehrt. Gewalttat und Unsittlichkeit nahm vollends überhand, und auch in religiöser Beziehung muss Willkür und Verwilderung eingerissen sein. Die letzten Könige trugen die Krone nur noch von Assyriens Gnaden. Menachem, der Rächer Sacharja's, entrichtete 738 seinen Tribut an Tiglat-Pileser III. Sein Sohn Pekachja wurde von Pekach vom Throne gestürzt. Als aber Pekach i. J. 735 im Bunde mit Damaskus das Südreich Juda erobern und damit die Macht des Nordreiches von neuem heben wollte, büsste er diesen Versuch mit der Einnahme seiner Hauptstadt durch die Assyrer und mit dem Verlust von Thron und Leben. Und als sein Nachfolger Hosea, von Assyrien eingesetzt, die Herrschaft des Grosskönigs mit der Hilfe der Ägypter abzuschütteln sucht, da wird er selbst gefangen genommen und getötet, Samaria i. J. 722 nach langer Belagerung erobert und zerstört, über das Volk eine schwere Wegführung verhängt, das Land zur assyrischen Provinz gemacht und mit Ansiedlungen heidnischer Stämme aus fernen Ländern durchsetzt.

Haben sich auch die Heilsweissagungen eines Hosea an diesem seinem Volke erfüllt; hat Jahwe sich seiner als des Weibes seiner Jugend von neuem erbarmt? Wenn man sich an die summarische Darstellung von II. Kön. 17, 6. 18, 11 hält, so ist diese

Frage zu verneinen. Denn danach ist Israel als solches in die Gefangenschaft geführt; das wären die gesamten zehn Stämme des Nordreichs. Nun sind aber weder die zehn Stämme jemals aus der Verbannung in die Heimat zurückgekehrt, noch lässt sich irgend nachweisen oder wahrscheinlich machen, dass sie in der Fremde an Jahwe festgehalten hätten. Sie wären, wenn man den biblischen Bericht pressen will, untergegangen und verschollen in dem Völkermeere Asiens, ohne Jahwe's Gnade von neuem erfahren zu haben. Aber genauere Angaben verdanken wir den Inschriften des assyrischen Eroberers Sargon. Nur 27290 Bewohner Samaria's, natürlich die vornehmsten und tatkräftigsten, hat er nach seiner eigenen Angabe fortgeführt[7]). Wenn auch dieser ersten Deportation später noch andere gefolgt sind, so ist doch ohne jeden Zweifel die Hauptmasse des Volkes im Lande verblieben, und nur die durch Krieg und Fortführung entstandenen Lücken wurden durch Ausländer aufgefüllt.

Aus dieser unter assyrischer Herrschaft lebenden Bevölkerung wanderte das geistige Leben hinüber nach Juda. Von den Brosamen, die von Juda's Tische fielen, zehrte fortan auch Samarien; an der Weiterentwickelung der Jahwe-Religion hat es keinen tätigen Anteil mehr nehmen können. Der volkstümliche Jahwedienst, den Amos und Hosea bekämpft hatten, behielt die Oberhand, und auch späterhin, als man sich dem „Gesetzbuche Mose's" unterwarf, wiesen die Judäer, stolz auf ihre Rechtgläubigkeit, die Gemeinschaft mit den Samaritanern zurück. Dennoch schlug auch ihnen die Stunde der Begnadigung. Als unser Heiland Jesus Christus das Evangelium predigte, da riss er die Schranken nieder, die Juden und Samariter trennten. Das samaritische Weib, der barmherzige Samariter im Gleichnis und der aussätzige Samariter[3]) sind die eigentlichen Musterbilder der Armen im Geiste, die seine Predigt willig aufnahmen, und Act. 8, 5 ff. bezeugt uns, dass ihrer viele gläubig wurden.

## Anmerkungen zur vierten Vorlesung.

[1]) Vgl. die Ausgabe von H. Winckler, Schrader's Keilinschriftliche Bibliothek Bd. V.

[2]) Hierzu besitzen wir, eine grosse Seltenheit, eine gleichzeitige, von dem biblischen Berichte unabhängige Urkunde in dem Denkstein des Königs Meša von Moab, der im Jahre 1868 zu Diban im Lande Moab gefunden wurde und heute eine Zierde des Louvre-Museums in Paris bildet.

[3]) Mit Unrecht denkt H. Winckler (Mitteilungen der nordasiatischen Gesellschaft 1898. 4. S. 8) an die arabischen Kuschiten.

[4]) Man mag einwenden, dass Amos, von Geburt wenigstens, Judäer war (vgl. meinen Aufsatz in *Semitic Studies* in memory of Alexander Kohut, Berlin 1897, S. 106 ff.) und ihm diese Ereignisse im Nordreich daher ferner lagen. Aber man vergesse nicht, dass dem Sturze der Isebel der der Athalja in Jerusalem folgte, dass also ganz Israel von dieser Umwälzung erschüttert und zum Nachdenken aufgerufen war.

[5]) Schrader, Keilinschr. Bibliothek I, S. 151.

[6]) Vgl. Hos. 1—3.

[7]) Schrader, Keilinschriftliche Bibliothek II. S. 54 f.

[8]) Joh. 4, 89 ff. Luk. 10, 38 ff. 17, 16.

## Fünfte Vorlesung.

## Das Ringen der Jahwereligion mit der Weltmacht im Südreiche Juda.

Volle zwei Jahrhunderte liegt seit der Trennung des Reiches das Südreich Juda für uns gleichsam im Schatten; nur leise Umrisse bleiben sichtbar, und erst kurz vor dem Untergange des Nordreiches tritt es wieder in das helle Tageslicht der Geschichte ein. Die Schuld an dieser Spärlichkeit der Nachrichten für einen so langen Zeitraum trägt zum Teil die Eigenart unsrer einzigen vertrauenswürdigen Quelle, des biblischen Königsbuchs[1]). Es fand hier für seine besonderen Anliegen wenig zu berichten. Aber auch im wirklichen Leben wird die Geschichte des kleinen Juda während dieser Zeit im Vergleich zu der des Nordreichs ein beschauliches Idyll gewesen sein. Im Innern erfreute es sich des Segens eines alten Herrscherhauses, das aus Juda stammte und dort feste Wurzeln geschlagen hatte; nach aussen hin beinahe völliger Sicherheit und Ruhe. Denn das grosse Südreich Ägypten erwachte nur selten auf kurze Zeit aus seinem trägen Schlummer; gegen fast alle andren nennenswerten Mächte aber, Philister und Moabiter, Syrer und Assyrier, nahm ihm Nordisrael die Arbeit ab und diente ihm gleichsam als Puffer. Nur durch das Nordreich hindurch mochte ein besonders kräftiger Stoss wie der Hasael's von Syrien II. Kön. 12, 18 f. auch einmal die Tore Jerusalems erschüttern. An dem verhältnismässig kleinen Edom allein erprobte Juda hin und wieder seine Kraft und errang in guten Zeiten die Oberherrschaft über dieses Volk. So war das Dasein und die Wehrhaftigkeit Ephraim's für Juda ein Vorteil, ja geradezu eine Lebensbedingung. Deshalb beging König Ahas einen grossen politischen Fehler, als er beim Ausbruch des syrisch-ephraimitischen Krieges Assyrien zu Hilfe rief und damit das Schicksal des Nordreiches besiegelte. Denn der ersten Einnahme Samaria's i. J. 734 folgte mit Notwendigkeit zwölf Jahre später die zweite und letzte; damit aber war Juda's bestes Bollwerk zerstört. Von nun an lag es allen Feinden preisgegeben offen da; das Weltreich Assyrien war sein Nachbar geworden; jede Zuckung in dem totkranken Leibe Vorderasiens schnitt tief in das Innere des kleinen Staates Juda ein.

So sind die letzten hundertundfünfzig Jahre Juda's und damit des selbständigen Israel ganz und gar bedingt durch die Weltmacht, zuerst Assyrien, dann Babylonien; sie bedeuten ein vergebliches Ringen Juda's um sein Dasein. Diesem Verzweiflungskampf auf politisch-nationalem Gebiete steht ein ähnliches Ringen auf religiösem Gebiete zur Seite. Auch die Entwickelung der Jahwereligion ist während dieser ganzen Zeit durch das Verhältnis zu der Weltmacht bedingt; aber der Ausgang ist hier nicht Niederlage und Vernichtung, sondern Sieg und Aufschwung. Auch in Juda übernahm diesen geistigen Kampf zunächst nicht das Königtum, sondern das Prophetentum. Dann sehen wir für kurze Zeit alle drei treibenden Kräfte Israels, Priestertum, Prophetentum und Königtum, gemeinsam einen gewaltigen Anlauf nehmen. Endlich bleibt wieder das Prophetentum vereinsamt übrig, der einzige Zeuge des Zusammenbruchs, der über den Ereignissen steht und auch im Tode noch den Lebensfunken wahrnimmt und glimmend erhält.

Das jüdische Prophetentum, als dessen erster Vertreter Jesaja vor uns steht, nimmt den Kampf in der Rüstung seiner ephraimitischen Vorgänger auf. Es kann keinen Augenblick bezweifelt werden, dass er des Amos Reden gekannt; schon dass Amos aus Tekoa in Juda gebürtig war, wird ihnen leicht und früh im Südreich Eingang verschafft haben. Wenn Jesaja (1, 11—15) die Nutzlosigkeit alles äusserlichen Gottesdienstes predigt; wenn er (9, 7 ff.) alle die Prüfungen aufzählt, die Jahwe bisher fruchtlos über Ephraim verhängt hat, und nun unerbittlich das letzte Verhängnis ankündigt; wenn er den Begriff des „Tages Jahwe's" als den eines Strafgerichts über Israel handhabt (2, 12 und weiterhin): so tritt er mit dem allen in Amos' Fusstapfen[2]). Denn es ist widersinnig anzunehmen, dass dieselben geistigen Errungenschaften von Amos und Jesaja, so bald nacheinander, jedesmal neu erarbeitet wären.

Auch darin schliesst sich Jesaja an Amos und Hosea an, dass er vor allen Dingen und insbesondere in seiner Frühzeit als Strafprediger gegen das sündliche Verderben in seinem Volke auftritt[3]). Auch für ihn ist der Massstab, nach dem Jahwe verfährt, unbedingt der sittliche. Nur ist dieses Verfahren Jahwe's bei Jesaja nicht so ausschliesslich wie bei jenen die Reaktion einer absoluten und abstrakten Gerechtigkeit; vielmehr stehen für ihn andre Eigenschaften Jahwe's im Vordergrunde. Seine Heiligkeit, die entschieden sittlichen Charakter trägt (6, 5), muss alles Unreine, das ihr gegenüber tritt, vernichten[4]); seine Hoheit und Erhabenheit alles, was sich hoffärtig aufbläht, aufs fürchterlichste demütigen (c. 2, 6 ff.). Die Frage, warum Jahwe Israel erwählt und mit Wohltaten überhäuft hat (vgl. 1, 2 ff. 5, 1—7), wird von Jesaja nicht ausdrücklich aufgeworfen und beantwortet. Aber wäre das der Fall, so würden wir die Antwort erwarten: weil der Heilige und Erhabene ein Volk, eine Gemeinde braucht, die ihm, dem Heiligen, geheiligt ist, die ihn, den Erhabenen, verehrt und anbetet. Unter Jesaja's Führung hat diese Anschauung später je länger je mehr die Herrschaft gewonnen, besonders seit Hesekiel. Nun hat Israel diese Erwählung und alle Wohltaten Jahwe's mit Undank erwidert, und die Strafe dafür kann nicht ausbleiben. Wie ernst Jesaja von der Schuld seines Volkes und der drohenden Strafe denkt, zeigt sein Berufungsgesicht in c. 6. Er fühlt sich berufen und gesandt, nur um dem Volke mit seiner Predigt das Gericht der Verstockung zu bringen: „Geh hin und sprich zu diesem Volke: ‚Höret nur immer, doch achtet es nicht, sehet nur immer, doch verstehet es nicht!' Verfette das Herz dieses Volkes und mache seine Ohren schwer, und seine Augen verklebe, damit es mit seinen Augen nicht sehe, noch mit seinen Ohren höre, noch sein Herz zu Vernunft komme, dass man es wieder heilen müsste!" Wohl hat Jesaja diese Erzählung von seiner Berufung erst mehrere Jahre später niedergeschrieben, als eine furchtbar schwere Erfahrung ihm die Vergeblichkeit seiner Predigt besonders eindringlich zum Bewusstsein gebracht hatte. Aber daraus darf man doch nicht folgern, dass ihm diese Überzeugung damals zum ersten Male aufgegangen, dass also dieser Hauptinhalt seiner Erzählung lediglich nachträgliche Schöpfung seiner Phantasie sei. Eben um den Seinigen zu beweisen, dass diese Erfahrung ihn nicht unerwartet treffe, schrieb er diese Erzählung; deshalb kann ihr Kern nicht erfunden sein[5]). Und dass er nach dem, was ein Amos hatte erfahren müssen, sein prophetisches Amt mit pessimistischen Erwartungen angriff, hat durchaus nichts Wunderbares. Nur die Fassung dieser Empfindungen gehört erst der Zeit der Niederschrift an.

Jene böse Erfahrung nun, die ihn dazu bewog, liegt auf einem Gebiete, das zu betreten seinen Vorgängern Amos und Hosea kaum je beschieden war. Wie einst Elia und seine Schüler hat auch Jesaja wieder mit seiner Rede das Ohr der Könige erreicht und tief in die Geschicke seines Volkes eingreifen dürfen. Dabei aber handelte es sich weniger um Busspredigt, so wenig er gewohnt war, den Hof damit zu verschonen, als um auswärtige Politik, um das rechte Verhalten zu den Mächten, und insbesondere zu der Weltmacht Assyrien. Nicht staatsmännische Anlage oder Erfahrung war es, was Jesaja dabei leitete, sondern lediglich religiöse Überzeugung. Er fusste wiederum einfach auf Amos, auf dessen Überzeugung von Jahwe's Allmacht, die die Geschicke nicht nur Israels, sondern auch der übrigen Völker lenke. Schon Hosea hatte daraufhin alle auswärtigen Bündnisse verworfen[6]). So hat auch Jesaja sein Leben lang in dieser Richtung keinen andren Rat gegeben als den, sich mit dem Ausland ganz und gar nicht einzulassen, sondern alles Jahwe anheimzustellen, der helfen könne, wenn er wolle, und ohne dessen Willen keine Selbsthilfe etwas fruchte[7]). Zwei Gelegenheiten, bei denen er diesen Rat zu erteilen hatte, bilden die Brennpunkte seiner gesamten Tätigkeit, die eine unter König Ahas, die andre unter Hiskia. Die erste bezeichnet einen schweren Misserfolg des Propheten, die zweite einen glänzenden Sieg. Und doch hat es sich so gefügt, dass die Niederlage einen grossen religiösen Gewinn mit sich brachte, der Sieg aber, zunächst wenigstens, zu einem verhängnisvollen Irrtum Anlass gab, der Juda geradezu ins Verderben stürzen sollte.

Im Jahre 735 verbündeten sich Nordisrael und Syrien, um Juda vereinigt anzufallen und sein Königtum zu stürzen. König Ahas wusste sich keinen andren Rat, als durch Unterwerfung und schweren Tribut die Hilfe Assyriens zu erkaufen (II. Kön. 16, 7 ff.). Ehe der entscheidende Schritt geschehen war, trat ihm Jesaja mit der Weisung Jahwe's entgegen, er solle sich ruhig verhalten und nichts unternehmen, Jahwe werde ihn auch ohne solche Opfer zu schützen wissen[8]). Ahas traut nicht und weist mit heuchlerischer Entschuldigung das Wahrzeichen zurück, das Jesaja ihm für das Eintreffen der Zusage anbietet. Da antwortet der Prophet mit schwerer Drohung. Nun erst recht soll Juda von Kriegsnöten auf das furchtbarste getroffen werden. Soweit soll es kommen, dass der kleine Rest der Bewohner sich in dem verödeten Lande wieder von Viehzucht nähren wird, wie seine Väter in der Vorzeit. Unter solchem Gericht soll man wieder lernen, das Böse zu verwerfen und das Gute zu erwählen, und es soll das neue Geschlecht der Zukunft sich wieder nennen dürfen: Immanuel, Gott ist mit uns[9]). Für den Augenschein hat Jesaja hier nicht nur eine Niederlage erlebt, sondern zwei zugleich. Die erste, dass König Ahas ihn schnöde abwies und trotz seiner Warnung der Vasall Assyriens wurde. Die andre, viel empfindlichere, dass Ahas Recht zu behalten schien, da Jesaja's Unheilsweissagung nicht eintraf. Wir wissen in den folgenden dreissig Jahren von keiner schweren Kriegsnot, die Juda betroffen hätte. Wohl mag der assyrische Tribut auf Juda gelastet haben; wohl werden die Heereszüge Assyriens gegen Ephraim, Ägypten, Philistäa auch an Juda nicht spurlos vorüber gegangen sein. Aber im ganzen muss dieser Zeitabschnitt für Juda ein ungewöhnlich günstiger und glücklicher gewesen sein; denn unter Hiskia sah es augenscheinlich mit ungeschwächten, ja mit gemehrten Kräften allem, was kommen sollte, ins Auge und nahm unter den kleinen Staaten Vorderasiens eine ziemlich bedeutsame Stellung ein.

Wo blieb dabei das prophetische Ansehen Jesaja's? In den Augen des Königs Ahas und seiner Grossen war es gewiss tief gesunken. Und dennoch fiel der Vorteil Jesaja und der Jahwereligion zu. Man hat mit Recht gesagt, dass in dem Augenblick, wo Jesaja und Ahas zusammentrafen, der Begriff des religiösen Glaubens geboren sei. „Wo ihr nicht gläubet, so ihr nicht bleibet" hat Jesaja dem Könige vorher zugerufen (7, 9), und als er das Zeichen ablehnt, da ist es nicht Jesaja, dessen Geduld Ahas erschöpft, sondern Jahwe selbst (v. 13). Jahwe zu trauen, ihm zu gehorchen, das ist die Tugend aller Tugenden, ohne die keine andre gilt. Und als er diese bei dem Königshause nicht findet, da wendet Jesaja sich von ihm und der Öffentlichkeit überhaupt für lange Zeit ab, um dieses Kleinod des Glaubens in einem kleinen Kreise im Verborgenen zu pflegen. „Schnüre die Botschaft ein, versiegle die Weisung in meinen Jüngern!"[10] So will ich denn harren auf Jahwe, der sein Angesicht vor dem Hause Jakob verbirgt, und will auf ihn hoffen!" (8, 16 f.). In diesem Häuflein derer, die ihm und Jahwe getreu sind, zieht Jesaja dem Volke von Juda Männer heran, die später in allen Stürmen fest zu der Jahwereligion stehen; wir haben ein Recht, aus diesem Kreise die Propheten und Reformatoren des siebenten Jahrhunderts hervorgegangen zu denken.

Wir müssen annehmen, dass Jesaja dem Gebote, dem ungläubigen König Ahas kein Orakel mehr zu spenden, treu blieb; er wird sich bis zum Ende seiner Regierung von jeder öffentlichen Tätigkeit fern gehalten haben. Wie lange dies währte, können wir nicht sicher sagen, weil die Zeitrechnung dieser Epoche sehr im Argen liegt. Die letzte Einnahme Samaria's, die nach sicheren Angaben der Keilinschriften i. J. 722 erfolgte, fällt nach II. Kön. 18, 10 in das sechste Jahr des Königs Hiskia; die Belagerung Jerusalem's durch Sanherib, die ebenso sicher 701 stattfand, fällt nach II. Kön. 18, 13 in Hiskia's 14. Jahr. Nach der ersteren Angabe wäre Hiskia etwa 727 zur Regierung gekommen, nach der letzteren erst 714. Ich kann mich nicht entschliessen den zahlreichen Gelehrten zu folgen, die die letztere Angabe für richtig halten. Ich halte sie für künstlich errechnet aus II. Kön. 20, 6. Dort werden Hiskia nach seiner Krankheit noch 15 Jahre Regierung verheissen. Da nun diese Erzählung jetzt dicht hinter der Geschichte der Belagerung Jerusalem's steht, statt vor ihr, wie sie eigentlich sollte, so zog man von den 29 Jahren der Regierung Hiskia's 15 ab und gewann so für die Belagerung das 14. Jahr. Leider sichert diese Erkenntnis nicht gleichzeitig die Richtigkeit der andren Angabe, nach der die Eroberung Samaria's in das sechste Jahr Hiskia's fällt. Gerade die Ziffern, die die Gleichzeitigkeiten zwischen den beiden Reichen bezeichnen, fordern im allgemeinen das Misstrauen in besonderem Masse heraus. Wohl aber wird 727 deshalb für den Regierungsantritt Hiskia's der Wahrheit näher kommen als 714, weil es höchst unwahrscheinlich ist, dass Jesaja seine öffentliche Tätigkeit zwei volle Jahrzehnte unterbrochen hätte; weil wir ferner aus den zwanziger Jahren höchst wahrscheinlich öffentliche Weissagungen von ihm besitzen und die Weissagungen, die dafür in Betracht kommen, keineswegs den feindseligen Gegensatz zum Königtum atmen, den wir unter Ahas erwarten müssten. Seine Erfahrungen mit Ahas hat Jesaja nur für den engeren Kreis seiner Jünger in dem kleinen Buche c. 6, 1 bis 9, 6 niedergelegt[11]), und dessen Schluss c. 9, 1—6 verkündet die Morgenröte der besseren Zeit. Jedermann kennt die herrliche messianische Weissagung von dem Fürsten mit vier Namen: **Wunderrat, Gottesheld, Beutevater, Friedefürst**. Es bleibt immer die beste Auslegung der berühmten Stelle, dass damit der Sohn des regierenden Königs, der junge Hiskia, gemeint ist[12]). Unter ihm erhielt Jesaja in der Tat die leitende Stelle, die ihm Ahas verweigert hatte. Die hohe und freudige Schätzung des Königtums, die uns hier, in grellem Gegensatz gegen den theokratischen Pessimismus eines Hosea, entgegentritt, hat die Fassung der messianischen Hoffnung späterer Zeiten ganz wesentlich beeinflusst.

Über zwanzig Jahre hindurch gelang es Jesaja, den neuen König von allen gewagten Unternehmungen zurückzuhalten, von Bündnissen mit Ägypten, Philistäa und dem unruhigen Unterkönig von Babylon, Merodach-Baladan. Endlich, nachdem der gewaltige Eroberer Sargon i. J. 705 gestorben war, scheint die kriegslustige Hofpartei die Oberhand gewonnen zu haben. Hiskia wurde der Bundesgenosse der Ägypter und Philister. Auch hier hat der Prophet ernstlich abgemahnt (c. 30, 1—5. 15 ff., 31, 1 ff.); aber der Augenblick schien zu günstig, und die aufgesparte Kraft Juda's verlangte wohl danach, sich einmal zu erproben. Die schlimmen Folgen blieben nicht aus. Ganz Juda wurde von den Assyrern besetzt und verwüstet, ein grosser Teil seiner Bewohner fortgeschleppt, Jerusalem selbst von Sanherib's Heer umlagert. Alle diese Leiden hatte man sich selbst zugezogen, da man Jesaja's Ratschlägen nicht gefolgt war. Auch nachdem sie hereingebrochen waren, tat man keineswegs Busse, sondern das sittliche und religiöse Verhalten des Volkes gab dem Propheten nach wie vor Anlass zu bitteren Rügen (vgl. c. 1, 2—20; c. 22, 1—14). Man sollte denken, er hätte jetzt mit den schwersten Strafandrohungen dareinfahren, er hätte die Einnahme Jerusalem's und den Untergang Juda's weissagen müssen. Aber nur auf die Person der Missetäter fällt die Drohung: „Wahrlich, diese Schuld soll euch nicht vergeben werden, bis ihr sterbet" (22, 14). Für die Stadt bleibt es bei der Heilsweissagung, dass Jahwe sie schützen, dass er dem Assyrer vor ihren Mauern eine furchtbare Niederlage bereiten wird. Man mag von den zahlreichen Aussprüchen dieses Inhalts, die von Jesaja überliefert sind[18]), noch so viele als späteren Ursprungs streichen — dass Jesaja so und nicht anders in jener

Zeit der äussersten Not geweissagt hat, daran lässt sich nicht rütteln. Und ebensowenig kann der beschönigende Bericht des Königs Sanherib selbst, den die Ausgrabungen am Tigris zu Tage gefördert haben[14]), daran etwas ändern, dass diese Verheissung sich erfüllte. Ein Gericht, nicht von Menschenhand, muss wirklich über das assyrische Belagerungsheer gekommen sein, durch das Sanherib gezwungen wurde, die Belagerung aufzuheben. Die Pest, von der die volkstümliche Erzählung Jes. 37, 36 (II. Kön. 19, 35) redet[15]), ist auch von Herodot (II, 137) bezeugt.

Das ist zweifellos der grösste Triumph gewesen, der Jesaja in seiner ganzen Wirksamkeit beschieden war. Man kann sich den Eindruck dieser wunderbaren Errettung kaum tief und stark genug vorstellen. Nie war die Not grösser, nie der Feind gewaltiger gewesen. Jahwe hatte alle Menschenhilfe sich erschöpfen lassen, um desto handgreiflicher zu zeigen, dass er allein helfen könne, und dass er jedem Feinde überlegen sei. Mit derselben Waffe, mit der er einst sein eigenes Volk geschlagen hatte, als David sich vermass, es zu zählen (II. Sam. 24), hatte er jetzt die Weltmacht überwunden. Und nicht von ungefähr; denn lange zuvor und immer wieder hatte er es durch seinen Propheten Jesaja angesagt. Mächtig wird dessen Ansehen gestiegen sein, und ganz anders als auf des Jünglings und des Mannes Wort wird man fortan auf das Wort des Greises gehört haben. Gerne nehmen wir an, dass, was unter Hiskia geschah, roh sinnliche Gebräuche aus dem Tempel zu entfernen (vgl. II. Kön. 18, 4)[16]), die Folge dieses Triumphes des Propheten war. Ob auch darin noch einmal ein Umschlag eintrat, ob Jesaja, wie eine unsichere Überlieferung will, noch die bösen Zeiten unter König Manasse erlebt hat und ihnen zum Opfer gefallen ist — wir wissen es nicht. Das aber wissen wir, dass die dauernde Wirkung dieses Triumphs auf religiösem Gebiete keine günstige, sondern eine verhängnisvolle war.

Aus der Tatsache machte man ein Dogma. Jerusalem war nicht genommen worden, weil es nicht genommen werden konnte. Jahwe hatte weniger sein Volk geschützt als sich selber, seine Stadt, sein Haus. Dass Jahwe in Jerusalem wohnte, war der sichere Schutz Juda's und musste es in jedem Falle auch fernerhin sein. Stand es so, so brauchten die Bewohner Jerusalems nicht so ängstlich darauf bedacht zu sein, den sittlichen Ansprüchen Jahwe's jederzeit zu genügen: sie mochten es sich bequem machen und sich ohne Sorgen gehen lassen, da Jahwe um seiner selbst willen, gleichsam aus Eigennutz, Wache hielt. Diese Überzeugung begegnet uns ein Jahrhundert später als das schwerste Hindernis der Busspredigt eines Jeremia (Jer. 7, 4 ff., vgl. c. 26). Von der Möglichkeit der Zerstörung des Tempels zu reden ist zum Sacrileg geworden, durch das Jeremia sein Leben verwirkt hat. Nur dadurch wird er aus den Händen der Priester und Propheten (Jer. 26, 11. 16) errettet, dass einige der Oberen sich erinnern, wie der Prophet Micha schon unter Hiskia dasselbe geweissagt hat, ohne dass man ihn tötete (vgl. Mich. 3, 12 mit Jer. 26, 18). Warum nennen sie nicht Jesaja, den weit grösseren und berühmteren Propheten? Weil er dergleichen nie geweissagt hat; weil er ganz im Gegenteil die Autorität ist, auf die Jeremia's Angreifer sich stützen. Hier liegt der sichere Beweis gegen die modernen Bemühungen, Jesaja zum unbedingten Unglückspropheten zu stempeln, indem man alle günstigen Aussprüche für spätere Zusätze erklärt[17]).

Man wird Jesaja vielmehr nicht von aller Schuld an jenem verhängnisvollen Missverständnis freisprechen können. Mochten Amos und Hosea ganz Israel dem Verderben preisgeben, mochte auch Micha als Sohn einer kleinen Landstadt unbefangener urteilen: Jesaja, unzweifelhaft in der Hauptstadt geboren[18]), war in dieser Beziehung nicht frei. Er hing an Jerusalem und dem Tempel und legte ihnen als solchen einen Wert bei. „Jahwe der Heerscharen, der auf dem Berge Zion wohnet" (8, 18), „der Ort des Namens Jahwe's der Heerscharen, der Berg Zion" (18, 7), „Jahwe, der ein Feuer auf Zion und einen Heerd in Jerusalem hat" (31, 9), das sind die Worte, in denen er seine Schätzung niederlegt. Alles, was David für Jerusalem getan hat, kommt hier zur Geltung. Dass er die neu eroberte Stadt zur glänzenden Hauptstadt des geeinten Volkes Israel machte; dass er das uralte Heiligtum Gesamtisraels, die Lade Jahwe's der Heerscharen, dahin holte; dass er einen Altar an einer Stätte errichtete, wo nie ein andrer Gott vorher sich offenbart hatte und verehrt worden war[19]). Der Tempel zu Jerusalem war deshalb für Jesaja nicht eines von vielen gleichberechtigten Heiligtümern, wie sie rings im Lande zerstreut waren, nicht eine von vielen Offenbarungsstätten: er war das Heiligtum, er war die Wohnung Jahwe's. War es doch Jesaja's allererste prophetische Erfahrung, dass er Jahwe im Tempel auf einem hohen und erhabenen Throne sitzen sah (Jes. 6, 1. 4). So hat derselbe Prophet, der mit einem Amos allen äusseren Gottesdienst für wertlos erklärte (1, 11—15), dennoch viel dazu getan, dass der so vergeistigte Gottesbegriff wieder an das Sinnliche gebunden wurde. Hatte Jahwe vor alten Zeiten auf dem Sinai gewohnt, so wohnte er jetzt leibhaftig zu Jerusalem. Die gefährlichen Folgerungen daraus zu ziehen, überliess Jesaja freilich anderen; aber sie blieben nicht aus, und sie führten endlich zur tatsächlichen Widerlegung des Dogmas selber, zu der Zerstörung Jerusalems und des Tempels.

Und doch wird man sagen müssen, dass auch dieser Rückschritt sein Gutes hatte, dass auch in ihm Gottes Vorsehung nicht zu verkennen ist. Hier liegt die erste und wichtigste vorbeugende Massregel, durch die der Untergang der Jahwereligion vor der Zeit der Erfüllung verhütet wurde. Denn eben hierdurch blieb die Schätzung Jerusalems die gleiche, auch nachdem es in Trümmer gelegt war. Hesekiel schaut kurz vor der Eroberung im Gesichte, wie Jahwe Jerusalem verlässt (Hes. 11). Nur dadurch wird die Einnahme der Stadt möglich — Jahwe war nicht daheim, als die Heiden sie in Besitz nahmen. Und wieder wird ihm später im Gesichte gezeigt, wie Jahwe von neuem seinen Einzug in Jerusalem hält (c. 43, 1 ff.); damit wird sie von neuem heilig und unverletzlich und soll es nun für alle Zeit bleiben. Selbst für einen so ideal gerichteten Geist wie Deuterojesaja ist Jerusalem der Inbegriff aller Güter und das Ziel aller Hoffnungen, und ebenso hat sich Israel fernerhin zu allen Zeiten und immer wieder an seine heilige Stadt geklammert und um sie sich geschaart, bis sie dem Apokalyptiker des neuen Bundes von der Erde emporgehoben wird in den Himmel und von dort herniederfährt zu ewigem Bestande auf der neuen Erde (Offb. Joh. c. 21).

Der Triumph über die Errettung Jerusalems führte vorläufig keineswegs zu einer waghalsigen Politik. Man begnügte sich mit dem stolzen Bewusstsein, dass Jerusalem uneinnehmbar sei, versparte sich aber gern den erneuten Beweis dafür auf den äussersten Notfall. War doch die Verwüstung der Landschaft Juda's schon ein überaus schweres Missgeschick, und fürs erste bedurfte man einer langen Ruhezeit, um die empfangenen Wunden auszuheilen. So kehrte Juda möglichst geräuschlos unter die Oberherrschaft Assyriens zurück und benahm dadurch der Weltmacht den Anlass, den Angriff mit verstärkten Kräften zu wiederholen. Wir wissen nicht, ob schon Hiskia für die wenigen Regierungsjahre, die ihm noch blieben, die Tributzahlung wieder aufgenommen hat; jedenfalls aber wird sein Sohn Manasse von den beiden Nachfolgern Sanherib's, von Asarhaddon und Asurbanipal, als assyrischer Vasall aufgeführt [20]), und wird es gewiss auch unter Sanherib schon gewesen sein.

Die lange Regierungszeit Manasse's — nach dem Königsbuche fünfundfünfzig Jahre — ist von der Nachwelt verflucht und verfehmt worden. Als — wieder ein halbes Jahrhundert nach ihm — Juda und Jerusalem unterging, da war es die öffentliche Meinung, dass man die Sünden Manasse's büsse (II. Kön. 23, 26. 24, 3 f. 20. Jer. 15, 4). „Unsere Väter haben Heerlinge gegessen, und uns werden die Zähne stumpf", so lautete das Sprichwort (Jer. 31, 29 f. Hes. 18, 2 ff., vgl. auch Jer. 2, 5. Klgl. 5, 7). Auf welchen Tatsachen beruht diese Überzeugung? Die ursprüngliche Aussage des Königsbuches über Manasse lautete wohl einfach: „Der tat, was Jahwe übel gefiel und ahmte die Greuel der Völker nach, die Jahwe vor den Kindern Israel vertrieben hatte. Auch vergoss er unschuldiges Blut in Strömen, sodass er Jerusalem von einem Ende bis zum andern damit füllte" (II. Kön. 21, 2. 16) [21]). Es sollte von diesem gottverfluchten Könige nichts näheres berichtet werden. Aber von den Einzelanklagen, die jetzt in wiederholten Zusätzen dazwischen eingeschoben sind, werden die greifbareren und wichtigeren durch andre unanfechtbare Zeugnisse bestätigt. Jeremia bezeugt, dass die letztverstorbenen Könige und Grossen, Priester und Propheten Juda's, samt den Bewohnern Jerusalems „der Sonne und dem Monde und dem ganzen Heere des Himmels gedient haben" (8, 2, vgl. auch 19, 13), dazu die Weiber von Jerusalem „der Königin des Himmels" (7, 18); noch nach dem Falle Jerusalems sagen die Weiber der Ausgewanderten in Ägypten es Jeremia offen ins Gesicht, dass sie einst samt ihren Vätern, Königen und Grossen in Jerusalem der Königin des Himmels gedient haben, und dass es ihnen in dieser Zeit wohl ging (Jer. 44, 15 ff.). Auch Zephanja klagt, dass seine Zeitgenossen „dem ganzen Heere des Himmels" dienen (1, 5). Hesekiel beschreibt, wie man im inneren Vorhof des Tempels der Sonne Anbetung zollt und wie die Weiber am Nordtore des Tempels den Tammuz beweinen (8, 16. 14). Durch alles dies wird auch die Nachricht des Königsbuches (II. Kön. 23, 11 f.) bestätigt, dass erst Josia bei seiner Reform die Rosse beseitigte, die die Könige Juda's beim Tempel der Sonne zu Ehren hielten, und die Wagen der Sonne verbrannte; dass er ferner die Altäre zerstörte, die „die Könige Juda's" auf dem Dache [22]) und Manasse in den beiden Vorhöfen des Tempels errichtet hatte. Diese aber waren nach 21, 5 dem Heere des Himmels geweiht.

In alledem handelt es sich um weitverzweigten Gestirndienst. Er ist eingeführt und kann eingeführt sein nur von Manasse, und er stammt einzig und allein aus Assyrien. Das beweist unwiderleglich der Name Tammuz, der einzige Eigenname einer Gottheit, der sich findet. Aber auch die übrigen Gottheiten sind assyrischen Ursprungs. „Die Königin des Himmels" ist die assyrische Istar[28]), die Sonne Šamaš, der Mond Sin, das Heer des Himmels vielleicht ein absichtlich ganz allgemein gefasster Sammelname, um sicher zu sein, dass man keinem aus dem siderischen Pantheon die gebührende Ehre vorenthalte. Es ist also assyrisch-babylonischer Gestirndienst, der in vollem, starkem Strome in Juda eingedrungen ist, am Hofe und im Volke gleicher Weise.

Sicherlich aber ist dieses Eindringen assyrischer Religion nur eine Seite der allgemeinen Überflutung Juda's mit der Kultur und dem Geiste Assyriens; das ganze Zeitalter kann das des assyrischen Einflusses heissen. Nachdem man sich einmal mit dem Weltreiche befreundet hatte, wurde es Mode, mit dem Strome zu schwimmen und durch Nachahmung assyrischer Sitten seine Bildung zu beweisen. Der Prophet Zephanja hat uns noch einige weitere Züge davon aufbewahrt; vor allem das Tragen ausländischer Kleider (1, 8 f.). Wir haben es hier mit einer Erscheinung zu tun, die häufiger in der Geschichte wiederkehrt. Wir Deutschen gedenken mit Scham der Zeit, wo man sich bei uns ebenso zu Affen der Franzosen erniedrigte, die Deutschland plünderten und knechteten. Juda hatte in Manasse seinen Ahab gefunden; aber weit übermächtiger noch als damals phönicisches Wesen in Israel, wird jetzt assyrisches in das Südreich eingedrungen sein.

Immer noch mag man sich wundern, dass auf der Landstrasse der Mode sogar die Religion Assyriens in Juda eindrang. War es doch eine Zeit, die soeben erst den glänzenden Beweis von der Überlegenheit Jahwe's erhalten hatte. Und gar in das Tempelgebiet selbst erkühnte man sich den Dienst der Sonne und des Mondes, des ganzen Heeres des Himmels einzuführen! Das hat gewiss schon die nächste Folgezeit als einen besonders erschwerenden Umstand empfunden; aber gemeint war es von Manasse und seinen geistlichen Beratern schwerlich als ein Jahwe feindliches oder auch nur unehrerbietiges Tun. Vielmehr dürfte gerade daraus, dass Jahwe's Tempel in Mitleidenschaft gezogen wurde, eine andre Anschauung von Manasse's Götzendienst zu entnehmen sein, die ihn in wesentlich milderem Lichte erscheinen lässt.

Wir wollen uns ins Gedächtnis zurückrufen, was wir bisher beobachtet haben. Durch die Abwehr der Assyrer von seiner Stadt Jerusalem hat sich Jahwe als den Göttern der Assyrer überlegen erwiesen. Schon bei Amos hat sich eine Anschauung von Jahwe herausgebildet, nach der er die Geschicke auch der fremden Völker lenkt, und Jesaja geht voll und ganz auf diese Anschauung ein; auch der König der Assyrer ist ihm nur ein Werkzeug in Jahwe's Hand (10, 5 ff.). So sind auch die Götter jener Völker gleichsam die Vasallen Jahwe's. Nun ist Jahwe von den ältesten Zeiten her der Gott des Gewitters, der alle Kräfte des Himmels in seiner Hand hält. Er hat durch ein Gewitter die Deboraschlacht entschieden, und die Sterne haben ihm dabei Heeresfolge leisten müssen (Richt. 5, 4 f. 20); er hat bei

Gibeon Sonne und Mond Stillstand geboten (Jos. 10, 12 f.). Auch nach Amos kann er die Sonne am Mittag untergehen lassen (8, 9) und hat die Macht über alle Gebiete der Welt, Himmel, Erde, Meer und Unterwelt (9, 2 f.). Als Israel später unter den Völkern sich bemüht, ihnen die Eigenart, gleichsam den Herrschaftsbereich Jahwe's klar zu machen, da lautet sein Titel „Gott des Himmels", so bei Esra (1, 2), Nehemia (1, 4 f. 2, 4. 20), Jona (1, 9)[24]. Sind diese Stellen auch viel später geschrieben, so ist doch, was der Name aussagt, nur die notwendige Folgerung aus dem, was schon zu Jesaja's Zeiten in Israels Bewusstsein lebte. Und sehr wahrscheinlich wurde daneben schon damals der alte Name „Jahwe Zebaoth", d. i. „Jahwe der Heere" nicht mehr auf die Kriegerscharen Israels, sondern auf die Heerschaar des Himmels, das Heer der Sterne, gedeutet. Ist dies der Fall, so ist in dem Sammelnamen „Heer des Himmels", unter dem Zephanja, Jeremia, das Deuteronomium und das Königsbuch den verpönten Sterndienst zusammenfassen, geradezu die Unterordnung unter Jahwe, der der Gott und Befehlshaber dieses Heeres ist, ausgesprochen[25]. Gerade deshalb also wird Manasse dem Kulte der Sonne, des Mondes und der Gestirne eine Stelle am Tempel Jahwe's eingeräumt haben, weil sie seine Vasallen sind, denen neben und unter ihm auch ihre Ehre angetan werden soll. Damit huldigte man gleichzeitig der Mode; man beschwichtigte den Aberglauben, der sich die Götter Assyriens gerne zu Freunden machen wollte; und dennoch schmeichelte man noch dem mächtig gesteigerten Selbstbewusstsein, indem man die Götter des Weltreiches dem Gotte Israels an seinem eigenen Tempel unterordnete. Auch des Wohlgefallens Jahwe's glaubte man sicher zu sein, wenn man seine Oberherrschaft so offenbar anerkannte, und die lange Friedenszeit, deren man sich erfreuen durfte, schien diese Annahme zu bestätigen[26]). So angesehen — und schwerlich wird man diese Auffassung, nachdem sie einmal geäussert ist, abweisen können[27]) — handelt es sich bei dem fremden Gottesdienst der Zeit Manasse's zwar zweifellos um eine Verirrung; aber doch ist auch diese nicht ohne einen kleinen religiösen Fortschritt geblieben. Die Überordnung Jahwe's über die ganze Welt und alle ihre Götter wird sich in dieser Zeit schärfer und entschiedener als bisher dem Bewusstsein eingeprägt haben, da ein ganzes Pantheon ihm untergeordnet wurde.

Dieselbe extensive Steigerung des Gottesbegriffs durch assyrisch-babylonische Einflüsse zeigt sich auch in weniger anstössiger Weise in der religiösen Litteratur Israels. Die Erzählung von der Erschaffung der Welt, von den ältesten Geschlechtern der Menschheit, von der gewaltigen Flut, durch die alle Menschen bis auf einen Liebling der Götter ausgerottet wurden, hat Israel allen Anzeichen nach in dieser Zeit von den Assyrern entlehnt und in seine Urgeschichte aufgenommen[28]). An die Stelle der anthropocentrischen Paradiesesgeschichte mit dem Sündenfall, die schon vorher abgefasst war, trat so die kosmologische der Babylonier, die jetzt in Gen. 1 die ganze Heilige Schrift eröffnet[29]). Aber die geistige Übermacht der Religion Israels, wie sie in den prophetischen Kreisen sich fortgebildet hatte, offenbart sich bei dieser Herübernahme darin, dass alle theogonischen und polytheistischen Züge beseitigt sind, und Jahwe allein durch sein Wort und nach seinem Willen alle Dinge ins Wesen ruft. Unter ihnen sind ausdrücklich genannt Sonne, Mond und Sterne, die kosmischen Repräsentanten der Götterwelt Assyriens; sie sind also mit grossem Nachdruck Jahwe untergeordnet[30]).

Es ist die judäische Geschichtsquelle, in deren Schoosse sich diese Umwandlung vollzog, die Quelle, die von Anfang an den Gottesnamen Jahwe gebraucht. Als man noch der Ansicht war, dass sie von einem einzigen Schriftsteller herrühre, hat ein bedeutender Forscher diesem den Namen „der prophetische Erzähler" gegeben. Er trifft zu, sofern diese Quelle, die aus einer ganzen Schule von Schriftstellern im Laufe von Generationen hervorgegangen ist, diejenigen Fortschritte der Religion Israels, die Gottes Offenbarung durch die Propheten herbeiführte, stufenweise spiegelt. Aber von der Hand der Propheten selbst, d. h. der Schriftpropheten, wie sie in den kanonischen Prophetenbüchern ihre Vertretung finden, ist sie darum doch sicherlich nicht verfasst. Die Schule Jesaja's, die schon unter Ahas sich unter schärfster Missbilligung aus der Öffentlichkeit zurückzog, ist der assyrischen Mode schwerlich auch nur so weit entgegengekommen. Sie wird vielmehr alle diese Zeichen der Zeit mit Schmerz und Grauen verfolgt und auf bessere Zeiten gewartet haben, wie einst ihr Meister Jesaja.

Auch unter der Priesterschaft des Tempels werden so tiefgreifende Neuerungen nicht allgemeine und unbedingte Billigung gefunden haben. Schwerlich ist es ohne Widerspruch und Kampf dabei zugegangen, und nur mit schlechtem Gewissen wird sich die Minderheit gefügt haben. Vielleicht war dieser gewissenhaften Minderheit noch eine Stütze von aussen her geworden. Beim Untergang des Nordreiches wurde Juda sein geistiger Erbe. Das ephraimitische Geschichtswerk, das älteste Gesetzbuch in sich schliessend[31]), und dazu die Schriften der Propheten des Nordens, wanderten nach dem Süden. Wir müssen sie uns getragen und gehütet denken von den eifrigsten Vertretern eines reinen Jahwedienstes, die lieber auswandern wollten, als in der Heimat unter fremder Herrschaft und in Gemeinschaft mit den Heiden leben. Durch das furchtbare Schicksal ihres Vaterlandes gewarnt, werden gerade diese Emigranten, unter denen zweifellos auch zahlreiche priesterliche Personen waren, die Entwickelung der Dinge unter Manasse mit Schrecken verfolgt haben. Sie konnten es nicht übersehen, dass Juda denselben Weg ging, der Ephraim ins Verderben geführt hatte; sie werden deshalb die stille Gegenströmung verstärkt und das Gewissen der Minderheit nach Kräften geschärft haben. Götzendienst blieb Götzendienst unter jeder Maske, und der Untergang des Nordreichs zeigte, dass Jahwe nicht gewillt war, ihn zu dulden.

Alle diese in der Stille sich sammelnden Kräfte haben sich zusammengeschlossen zu ernstem, tapferem Angriff gegen die herrschende Religionsmengerei, zur Rettung der nationalen Religion Israels, und damit zur Behütung Juda's vor dem drohenden Gerichte. Man fühlte es, dass die Predigt der Propheten allein dazu nicht ausreichte. Sie war wirkungslos, wenn sie nicht auf empfängliche Herzen traf, und entgegengesetzte Strömungen hemmten gar zu sehr ihren Erfolg. Es galt tatkräftiges Eingreifen, rücksichtslose Beseitigung der Missbräuche, nachdrückliche Einschärfung des richtigen Verhaltens, besonders bei dem heranwachsenden Geschlecht. Was man fordern musste, wurde niedergelegt in einem Buche, das Gesetzgebung und Predigt ganz eigenartig miteinander vereinigt, sodass wir stets gleichzeitig die Stimme des Priesters und des Propheten daraus vernehmen. Ich meine das Deuteronomium. Es ist eines der allersichersten Ergebnisse der biblischen Kritik, dass es in dieser Zeit, sei es gegen Ausgang der Regierung Manasse's, sei es, was wahrscheinlicher ist, im Anfang der Regierung seines Enkels Josia entstand[32]). Keine Einwände, keine vermittelnden Versuche können die Tatsache beseitigen, dass es nur als Produkt der Zeit der Ausländerei unter Manasse, als Programm der streng jahwistischen Partei nach solchen Erfahrungen, zu verstehen ist. Sein Anspruch, das Gesetzbuch Mose's zu sein, ist vollkommen ernst gemeint und sachlich vollberechtigt. Denn es nimmt alles in sich auf, was bis dahin mit dem Anspruch mosaischer Autorität auftrat. Das ist zunächst das bürgerliche Gesetzbuch des ephraimitischen Nordens in der Umarbeitung und Erweiterung, die es im Süden erhalten hatte (Ex. 20 — 23)[33]). Aus ihm wurde nur dasjenige ausgeschieden, was als zu einseitig juristisch und äusserlich in ein Volksbuch nicht zu gehören schien[34]). Zu alledem fügte man noch die judäischen Sammlungen alter Rechtssätze, denen man mosaisches Ansehen zuschrieb, sodass nun das Deuteronomium zweifellos die vollständigste Gesetzsammlung war, die je in Israel bestanden hatte.

Aber der leitende und alles beherrschende Gedanke stammte doch erst aus den bösen Erfahrungen der Gegenwart, er heisst: reiner Jahwedienst um jeden Preis, ohne Bild oder Sinnbild, vor allem aber frei von jeder Vermischung mit fremdem Dienst. Es herrscht im Deuteronomium ein grenzenloser Abscheu, eine namenlose Angst vor allem, was Ausland heisst. Jede Berührung damit soll vermieden werden, damit keine Ansteckung mit religiösen Krankheitsstoffen erfolgt; ganz und gar soll Juda von andren Völkern abgeschieden, jede Möglichkeit fremden Gottesdienstes beseitigt werden. Der Sprecher ist Mose; darum kleiden sich die Gefahren notwendig in die Formen seiner Zeit. Wenn Israel in das gelobte Land einzieht, soll es alle Völkerschaften Kanaans mit Stumpf und Stiel ausrotten, damit sie Israel nicht mit ihrem

Götzendienst anstecken (7, 1 ff.); das wird immer wieder gepredigt. Aber an den wichtigsten Stellen schweift der Blick auch in die Ferne. Unerbittlich soll jeder ausgetilgt werden, der zum Dienste anderer Götter verleiten will, die Israel bis dahin nicht kannte, von den Göttern der Völker nah und fern, von einem Ende der Erde bis zum andern (13, 3. 8. 14). Hier sind ungenannt die Assyrer eingeführt. Und wo die „anderen Götter" näher bezeichnet werden, da sind es „die Sonne oder der Mond oder das ganze Heer des Himmels" (17, 3), also die Götter, die gerade im 7. Jahrhundert und nicht früher, Israel gefährlich geworden sind. Ganz in dem Sinne unsrer letzten Ausführungen heisst es in der etwas später geschriebenen Einleitung 4, 19 von den Gestirnen, dass Jahwe sie ja allen Völkern unter dem ganzen Himmel zugeteilt habe: was hat also Israel für Ursache diesen seinen Geschöpfen Ehre zu erweisen?

Freilich spielt bei den Grundbestimmungen des Deuteronomium auch noch ein andrer Faktor mit, ja er scheint jenem gegenüber im Vordergrunde zu stehen. Aus der Schätzung des Tempels zu Jerusalem, wie sie durch Jesaja vorbereitet und durch die Rettung Jerusalems beglaubigt war, werden hier die letzten Folgerungen gezogen. Ist der Tempel die alleinige irdische Wohnung Jahwe's, so will er sich auch nur da allein finden lassen, also darf ihm auch nur da gedient werden. Deshalb wird jeder Jahwedienst ausserhalb Jerusalems auf das strengste untersagt; deshalb die Feier der uralten Feste nach Jerusalem verlegt und damit ganz und gar ihres alten Gepräges entkleidet, das sie an den Gau und an die Familie band; deshalb die Schlachtung des Heerdenviehs, die bis dahin stets die Bedeutung eines Opfers gehabt hatte, ihrer alten Heiligkeit beraubt und zu einer ganz gleichgiltigen, alltäglichen Handlung erniedrigt (c. 12). Wieviel alte, tiefeingewurzelte Religion wurde hier mit einem Schlage vernichtet! Aber das alles wurde für nichts geachtet, weil man sich bewusst war, mit dieser Centralisation des Gottesdienstes, mit der Vereinigung alles Gottesdienstes in der Hauptstadt allein, Jahwe's Willen nachzukommen und seinem unausbleiblichen Zorn vorzubeugen. Wieviel Unheil wäre vermieden worden, so meinte man, wenn schon von Salomo Jahwe's Absicht bei seiner Offenbarung auf der Tempelstätte richtig gedeutet und von ihm und allen seinen Nachfolgern kein andrer Kult geduldet worden wäre![35]) Aber zugleich erschien diese Centralisation als das einzige wirksame Mittel, jede Ansteckung mit heidnischem Dienste zu verhüten; denn hier, an der einzigen Centralstätte war man nicht nur der vollen Einsicht gewiss, sondern man vermochte zugleich eine so genaue Aufsicht zu üben, dass kein Missbrauch sich einschleichen konnte. Das galt zunächst von denjenigen Bestandteilen des alten Baaldienstes, die nicht ganz in den Jahwedienst aufgegangen waren und daher von der geläuterten Religionsanschauung der Propheten verurteilt wurden: heilige Steine und heilige Pfähle (16, 21 f.) und was dergleichen mehr war. Aber es galt doch nicht minder von alle dem eingedrungenen assyrischen Dienste der Gottheiten zweiten Ranges und Mittelwesen, durch den in der letzten Zeit die Religionsübung Israels so heillos verwildert war.

Es mag wunderlich genug erscheinen, dass man das Monopol des Jahwedienstes demselben Tempel zugestand, an dem diese letzteren Missbräuche eine so gute, und zum guten Teile wohl in ganz Juda die einzige, Stätte gefunden hatten. Aber das sollte ja eben von Grund aus anders werden. Die Mitglieder der Priesterschaft, die an dem Deuteronomium mitarbeiteten, waren sich ihres reinen Willens bewusst, und errangen sie den Sieg, so konnten und wollten sie alle Widersetzlichkeit beseitigen, so dass dasselbe Heiligtum, das bisher der Sitz aller Missbräuche gewesen war, sich in Zukunft fleckenlos rein erhalten sollte. Dazu aber bedurfte man des Dritten im Bunde, des Königs. Der Tempel war von Anfang an ein königliches Heiligtum gewesen, zur königlichen Burg gehörig; sein erster Priester Zadok war Priester in königlichem Dienst gewesen, schon ehe der Tempel erbaut war (II. Sam. 8, 17. 15, 24 ff.). So standen das Haus, sein Personal und alle Handlungen, die sich dort vollzogen, unter königlicher Aufsicht und hingen von seinem Willen ab. Deshalb konnten keine guten Absichten etwas ausrichten, solange nicht die königliche vollziehende Gewalt ihnen zur Seite stand. Unter Manasse, wohl auch unter Amon, war daran nicht zu denken. Josia bestieg den Thron als Kind von acht Jahren, und die Machthaber während seiner Minderjährigkeit boten schwerlich die Gewähr der ausreichenden Einsicht, noch weniger die der unerlässlichen Einigkeit, Begeisterung und Festigkeit. Erst als Josia zu voller Selbständigkeit herangewachsen war, augenscheinlich unter besonders glücklichen Anzeichen, wagte man den Angriff und errang einen vollständigen Sieg.

„Das Gesetzbuch", d. h. der Kern des Deuteronomium[36]), wurde im 18. Jahre Josia's von dem Ober-Priester Hilkia dem königlichen Staatsschreiber Šaphan übergeben und von diesem dem Könige gebracht und vorgelesen (II. Kön. 22, 3 ff.). Man hat viel darum gestritten und zum Teil grossen Anstoss daran genommen, dass Hilkia von dem Buche sagt, er habe es im Tempel gefunden. Wir sind ausser stande zu verfolgen, ob und inwieweit nicht diese Aussage die einfache Wahrheit enthielt. Aber sicher können wir sagen, dass das Buch nicht darum so mächtige Eindrücke und Wirkungen hervorrief, weil man dieser Aussage Hilkia's Glauben schenkte, sondern weil sein Wortlaut überwältigend an die Gewissen griff, und weil man in seinem Inhalt das Einzige erkannte, was Juda helfen konnte. Der göttlichen Bezeugung aber versicherte man sich nicht durch genaue Untersuchung über die Umstände bei der Auffindung oder durch Prüfung des Alters der Handschrift, sondern durch ein Jahweorakel, das der König bei der Prophetin Hulda einholen liess (v. 12 ff.). Wir dürfen uns also ebenso bei dem *testimonium spiritus sancti internum* beruhigen.

Die Wirkung aber war eine glühende Begeisterung, eine Entfaltung des guten Willens und des gläubigen Gehorsams, die unsre Bewunderung erregen muss. Alle Gewalten des Reiches stellten sich dem jungen Könige zur Verfügung und verpflichteten sich mit ihm auf die Forderungen des Gesetzbuches. Der Tempel wurde gründlich ausgefegt; Jerusalem und seine Umgebung von allem heidnischen Wesen gereinigt; die gottesdienstlichen Stätten, die sogenannten Höhen, rings im Lande geschlossen und entweiht; ihre Priester zu grösserer Sicherheit gegen Übertretungen nach Jerusalem gebracht und dort festgehalten. Beim Passahfeste wurde zum ersten Male, solange Israel das Leben hatte, das ganze Volk zu gemeinsamer, gleichzeitiger Feier nach Jerusalem entboten, und die Begeisterung dieser ersten Zeit der Liebe mag wohl die Seufzer, Klagen und Gewissensbisse über die Verödung so vieler heiliger Stätten und das Verstummen alles Festjubels rings im Lande erstickt haben.

Es war die Zeit der ersten Liebe, des guten Willens, des reinen Gewissens. Nicht mit unerhörten Bluttaten war diese Reform erkauft, wie einst die Jehu's; umsomehr konnten sich alle Beteiligten des Errungenen freuen. Zwar sind sicherlich nicht alle mit dem Geschehenen einverstanden gewesen. Aber der Widerspruch wird so grossen Erfolgen gegenüber vorläufig verstummt sein, und wo sich gesetzwidrige Religionsübung, sei es aus Gewissenhaftigkeit oder aus Aberglauben, noch erhielt, da wird es nur ganz im Geheimen geschehen sein. So wird Freude und Dank vor allem in Jerusalem selbst geherrscht haben, und damit zugleich die gewisse Zuversicht, dass Juda jetzt gerettet sei, dass Jahwe ihm jetzt seine volle Gnade schenke und in allen Gefahren für Juda streiten werde.

Die Zeitereignisse schienen das zu bestätigen. Die Macht des assyrischen Reiches muss in dieser Zeit reissend zurückgegangen sein, und im gleichen Verhältnis damit durfte der Vasallenstaat Juda aufatmen und sich wieder an das Bewusstsein gewöhnen, unter keiner andren Oberherrschaft zu stehen als unter der Jahwe's, seines Gottes[87]). Aber man hatte die Rechnung ohne den Wirt gemacht. Die übrigen Grossmächte Vorderasiens schickten sich an, das reiche Erbe Assyriens anzutreten. Auch Ägypten wollte auf seinen Anteil nicht verzichten, wozu vor allen Dingen Palästina gehören musste, der alte Besitz Ägyptens im zweiten Jahrtausend vor Christo. Deshalb machte sich der Pharao Necho mit einem Heere auf, um Palästina und Syrien zu besetzen. Mit dem ersten Schritte über die Grenze Juda's vergriff er sich an dem unveräusserlichen Besitze Jahwe's. Im Bewusstsein der Pflicht, diesen zu schützen und in der Glaubenszuversicht, dass Jahwe vor ihm her in den Kampf ziehen und die Ägypter vernichten werde, trat Josia ihm mit seinem Häuflein entgegen. Er musste diesen Glauben in der Schlacht bei Megiddo — oder war es ein Migdol in Juda?[88]) — mit dem Leben büssen (II. Kön. 23, 29 f.), und Juda vertauschte fürs erste nur die

Oberherrschaft Assyriens mit der Ägyptens. Aber schlimmer noch war es, dass mit Josia der freudige Glaube ins Grab sank, dass man in Jahwe's Gnade lebe und durch sie vor allem Unheil sicher sei. An Josia's Stelle trat ein Jojakim, ein charakterloser Despot, an die Stelle des Glaubens und der frommen Hingabe freche Zweifelsucht und ein gewissenloses diplomatisches Schaukelsystem, das durch schlaue Berechnung die fehlenden Machtmittel meinte ersetzen zu können. Kaum zwei Jahrzehnte nach seinem höchsten Aufschwung war Juda zum Untergange reif.

## Anmerkungen zur fünften Vorlesung.

¹) Die Bücher der Chronik dürfen leider zur Ausfüllung der Lücken nicht herangezogen werden; je mehr sie zu den Nachrichten der Bücher der Könige hinzuzufügen haben, umso weniger Vertrauen verdienen sie.

²) Vgl. Am. 5, 21—24. 4, 6ff. 5, 18.

³) Jesaja entwickelt dabei nicht einen solchen Reichtum von Einzelbeobachtungen wie seine nördlichen Vorgänger, und wenn er einmal auf das Besondere eingeht und einen bestimmten Gegenstand näher und realistisch beleuchtet, so gewinnt die Rhetorik leicht die Überhand. Es sei dafür nur auf die Philippica gegen den Putz der vornehmen Frauen Jerusalems (3, 16ff.) verwiesen, die neuerdings sehr mit Unrecht von einigen der angesehensten Ausleger als unecht ausgeschieden wird. Man wird ähnliche Beispiele in c. 2 und im Anfang von c. 3 finden. Diese rhetorische Haltung ist eines der sichersten Erkennungszeichen der Frühzeit Jesaja's.

⁴) Vgl. über den alten Begriff der Heiligkeit W. Robertson Smith, The Religion of the Semites I,² p. 140 ff., deutsche Übers. S. 102ff.

⁵) Der Abschnitt 6, 1—9, 6 des Buches Jesaja bildet ein besonderes Buch, das der Prophet für den engeren Kreis seiner Schüler (8, 16ff.) niederschrieb, ausgezeichnet durch das Ich des Erzählers (6, 1. 5. 6. 8. 11. 8, 1—3. 5. 11. 17f.; auch in 7, 3. 13 ist es herzustellen), das sich sonst bei Jesaja nirgends findet.

⁶) Hos. 5, 13f. 7, 11ff. 8, 9f. 12, 2.

⁷) Vgl. auch 14, 28. 18, 4f.

⁸) Jes. c. 7. Vgl. dazu The New World, Boston, December 1895, pp. 738—742, deutsch Preussische Jahrbücher, Bd. 85, 1896, S. 70ff.

⁹) Jes. 7, 14. 15. 17ff.; v. 16 ist zu streichen.

¹⁰) Wahrscheinlich muss es heissen: „Ich will einschnüren..., ich will versiegeln... in meinen Jüngern und so will ich harren", sodass schon in v. 16 Jesaja, nicht Jahwe redet, und

die Jünger ausdrücklich als die Jesaja's bezeichnet werden, was sie ohnedies sein müssen, auch wenn Jahwe sie zugleich für sich in Anspruch nimmt. Doch dürfte sich jene bessere Auffassung nicht, wie Duhm meint, ohne Textänderung vertreten lassen; vielmehr wird man mit Cheyne ändern müssen.

¹¹) Vgl. über die Eigenart dieses kleinen Buches oben, Anmerkung 5.

¹²) Es ist keineswegs nötig, v. 5 wörtlich von der eben erst erfolgten Geburt des Herrschers zu verstehn. Die Leugnung des jesajanischen Ursprungs dieses Abschnitts, für die sich seit B. Stade viele entschieden haben, ist schwerlich berechtigt.

¹³) 10, 12. 28ff. 14, 24—27. 28—32. c. 18. 29, 1—6. 7f. 30, 27ff. 31, 4ff. 37, 22—29. 33—35.

¹⁴) Vgl. Schrader, Keilinschriftliche Bibliothek, II, S. 95 f.

¹⁵) Vgl. zur Erläuterung II. Sam. 24, 16 f., die Stelle, die zu Ende von Vorl. III verwertet ist, wo ebenso ein Engel als Urheber der Pest erscheint.

¹⁶) Den festen, unanfechtbaren Kern der Nachricht bildet die Beseitigung der ehernen Schlange; dagegen kann die Reform unter Hiskia nicht schon den Höhendienst beseitigt haben, da dies der Reform Josia's vorbehalten blieb.

¹⁷) Vgl. vor allen Dingen Hackmann, Die Zukunftserwartung des Jesaia, 1893.

¹⁸) Wir haben kein ausdrückliches Zeugnis dafür; aber alle Umstände weisen darauf hin.

¹⁹) Vgl. zu alledem die Ausführungen in Vorl. III gegen Ende.

²⁰) Schrader, Keilinschriftliche Bibliothek II, p. 149. 239, vgl. 161.

²¹) Auch 2ᵇ, der Vergleich mit dem Tun der Heiden, kann recht wohl noch jüngerer Zusatz sein.

²²) Der Text ist hier unsicher. Vgl. zum Texte der Königsbücher die Abhandlungen von B. Stade, Ausgewählte akademische Reden und Abhandlungen, 1899, S. 143ff. (nur bis II. Kön. 21) und Benzinger im Kurzgefassten Handkommentar zum A. T.

²³) Vgl. A. Kuenen, Gesammelte Abhandlungen zur Biblischen Wissenschaft, S. 186ff.

²⁴) In Gen. 24, 7 ist nach LXX und v. 3 in beiden Texten „und der Erde" zu ergänzen.

²⁵) Es ist wohl zu beachten, dass keiner dieser Sterngötter uns mit dem Eigennamen entgegentritt, den er bei den Assyrern

trägt. Die einzige Ausnahme bildet der Tammuz-Kult (Hes. 8, 14); aber der war augenscheinlich Privatsache der Weiber ohne jede öffentliche Geltung.

[26]) Welchen Anstoss die lange Friedenszeit unter Manasse dem späteren Judentum bereitete, beweist die Legende von seiner Gefangenschaft und Bekehrung, vgl. II. Chr. 33, 10—19.

[27]) Die Frage, wie man unter Manasse das Verhältnis Jahwe's zu den assyrischen Gottesgestalten aufgefasst habe, hat B. Stade, Geschichte des Volkes Israel, I, S. 629, aufgeworfen. Aber von den drei Möglichkeiten, Einordnung, Unterordnung oder Überordnung Jahwe's, bezeichnet er die letzte als die wenigst wahrscheinliche.

[28]) Dass sonst die Wanderung von Mythen und Sagen ausserordentlich lange Zeiträume zu beanspruchen pflegt, kann mich nicht an diesen Schlüssen, wie ich sie zuerst in meinem Buche Die biblische Urgeschichte, 1883, entwickelt habe, irre machen. Denn hier geht eben der Schicht $J_2$, die diese babylonisch-assyrischen Bestandteile enthält, eine ältere aus derselben Schule, $J^1$, nur um ein bis zwei Jahrhunderte voraus, die die Urgeschichte ohne diese unmittelbaren Entlehnungen, obgleich keineswegs unbeeinflusst durch babylonisch-assyrische Vorstellungen, entwirft. Das beweist, dass wir es hier, in $J_1$, allerdings mit jenen ausgegohrenen Sagenwanderungen zu tun haben, die mit vielen Jahrhunderten, ja mit Jahrtausenden, rechnen. Ihnen aber tritt $J_2$ mit frischer Entlehnung und bewusster Überarbeitung gegenüber, und diese Bereicherung des Überlieferungsschatzes Israels kann zu keiner andren Zeit erfolgt sein, als eben in dieser Zeit des assyrischen Einflusses unter Manasse.

[29]) Eine spätere Redaktion hat jene zum Glück wieder damit vereinigt.

[30]) Dass die Urheber von $J_2$ unbedingte Anhänger von Manasse's gottesdienstlichem Verhalten gewesen, soll damit nicht gesagt sein. Aber dem Zuge der Zeit haben sie sich nicht völlig entzogen.

[31]) Das schon oben erwähnte Bundesbuch, Ex. 21—23.

[32]) Manasse's Sohn Amon regierte nur ganz kurze Zeit.

[33]) Der ältere kultische Dekalog von J, selbständig erhalten in Ex. 34, ist am Schluss in c. 23 eingearbeitet, der jüngere moralische Dekalog von E ist in c. 20 vorausgeschickt.

[34]) Der Widerspruch Steuernagel's (Handkommentar zum Alten Testament I, 3, 1, 1898 S. XXVIf.) kann diese Anschauung nicht umstossen.

[35]) Diese Anschauung bildet das Leitmotiv der Bücher der Könige, den Rahmen, in den die aus der Schule des Deutero-

nomium hervorgegangene Redaktion die einzelnen Regierungen eingespannt hat. Ein jeder König von Salomo an wird an dem Massstab gemessen, ob er das alleinige Recht des Tempels zu Jerusalem anerkannt hat oder nicht, und nur Hiskia und Josia erhalten ein unbedingt gutes Zeugnis.

[36]) Für die Herausschälung des Kerns aus den späteren Erweiterungen und Überarbeitungen muss wieder auf die Darstellungen der Geschichte des alttestamentlichen Schrifttums, die sogenannten Einleitungen, verwiesen werden.

[37]) Der Prophet Habakuk erwartet von den Chaldäern zugleich mit dem Sturze des assyrischen Reiches die Befreiung Vorderasiens und insbesondere Juda's. Lies Hab. 1. 2 in folgender Reihenfolge: 1, 2—4. 12—17. 2, 1—4. 1, 6—11. 2, 5ff.

[38]) Herodot hat Μάγδωλος.

## Sechste Vorlesung.
### Der Zusammenbruch Juda's und die Grundpfeiler für seine Wiederaufrichtung.

Es ist nicht die Aufgabe dieser Vorlesungen, das Trauerspiel des Untergangs Juda's und Jerusalem's im einzelnen zu verfolgen; denn nicht mit der Volksgeschichte, sondern mit der Religionsgeschichte Israels haben wir es hier zu tun. Politisch war es das alte Lied und das alte Leid von dem Vertrauen auf das nahe Ägypten und der Unterschätzung des fernen Babylonien und seines neuen Herrschervolkes, der Chaldäer. Josia's Sohn Jehoachas, sein erster Nachfolger, wurde von Necho nicht anerkannt, sondern gefangen genommen und nach Ägypten fortgeführt (II. Kön. 23, 31—34). Jojakim, ein andrer Sohn Josia's, wurde König von Necho's Gnaden. Nachdem Necho's Niederlage bei Karkemiš am Euphrat i. J. 604 Vorderasien dem jungen Reiche der Chaldäer überliefert hatte, zögerte er, so lange er konnte, die ägyptische Vasallenschaft mit der babylonischen zu vertauschen. Drei Jahre später schon fiel er wieder von den Chaldäern ab und zog damit die Rache Nebukadnezar's über sein Land herbei. Er selbst starb während der ersten Kriegswirren; sein junger Sohn

Jojachin musste Jerusalem i. J. 597 nach dreimonatlicher Belagerung übergeben und mit vielen vornehmen und kriegstüchtigen Bewohnern in die Verbannung wandern. Sein Oheim Mattanja, auch ein Sohn Josia's, wurde als Vasall Babyloniens unter dem Namen Zedekia auf den Thron gesetzt. Wieder, und nun zum letzen Male, wiederholte sich dasselbe Spiel. Ein erstes Empörungsgelüste, in seinem vierten Jahre, wurde noch mit knapper Not ohne Schaden vertuscht; im neunten Jahre war kein Halten mehr, man wandte sich wieder dem trügerischen Freunde Ägypten zu. Sofort erschien Nebukadnezar zur Belagerung, und nach anderthalb Jahren, im Sommer d. J. 586 v. Chr., wurde Jerusalem erobert. Reich und Königtum, Stadt und Tempel, Volkstum und Gottesdienst wurden unerbittlich zerstört, die massgebenden Persönlichkeiten, soweit sie nicht den Tod gefunden, nach Babylonien in die Verbannung geführt.

Welches waren nun die leitenden religiösen Gedanken dieser letzten Zeit der Selbständigkeit Israels? Oder ging man gar religionslos und gottlos seinem Untergange entgegen? Unmöglich kann man das annehmen, und der ausdrückliche Gegenbeweis liegt in dem sicher bezeugten Volksbewusstsein, von dem schon früher die Rede war. Man war sich bewusst, nicht um der eigenen Sünden willen, sondern wegen der Sünden der Väter, d. h. der Zeit Manasse's, Strafe zu leiden. Das Volk von Juda glaubte also den Verpflichtungen, die es bei der Reform Josia's eingegangen war, treu geblieben zu sein. Gewiss war man damit im Recht, wenn man es im Sinne des Volkes versteht. Das Deuteronomium blieb als Gesetzbuch in Geltung, der öffentliche Gottesdienst am Tempel in Jerusalem wurde weiter nach seinen Vorschriften gehandhabt, seine offenbare Verunreinigung wird nicht ferner geduldet worden sein. Fraglicher ist schon, ob der Höhendienst rings in der Landschaft auch unter Jojakim und Zedekia so völlig ruhte, wie das die Reform Josia's vorschrieb. Sobald der erste Eifer nachliess, und vollends nach dem jähen Tode Josia's, mochte sich mancher Zweifel regen, ob man wirklich Jahwe einen Gefallen damit getan habe, dass man seine Opferfeuer weit und breit im Lande erstickte und seine Altäre zerstörte. Wir erinnern uns des merkwürdigen Seitenstücks, das sich vor und nach der Eroberung Babylons durch die Perser i. J. 538 abspielte. Der Chaldäerkönig hatte die Götterbilder aus vielen Städten nach Babylon geholt, wohl als letztes Mittel zum Schutze der Hauptstadt. In dem Sturze der Stadt sah man den Beweis, dass die Götter darüber zürnten, und der Eroberer Kyros hatte nichts Eiligeres zu tun, als jeden Gott wieder in seine Stadt zurückzuschicken[1]). So wird auch unter Jojakim mancher Höhenpriester von Jerusalem in die heimische Landschaft zurückgekehrt sein und mehr oder minder heimlich, mit mehr oder minder allgemeiner Zustimmung seiner Landsleute, den Jahwedienst auf der alten heiligen Stätte seines Gaus wieder begonnen haben. Wenigstens hallen die Schriften der Propheten, die diese Zeit erlebt haben, wieder von Klagen über den Höhendienst im Lande[2]). Aber selbst in Jerusalem und am Tempel scheint man schwere kultische Vergehen nicht völlig verhütet zu haben. Je schlimmer die Zustände wurden, je näher der Untergang heranrückte, desto üppiger wucherte, wie das so zu gehen pflegt, neben dem *opus operatum* eifrigen gesetzlichen Gottesdienstes allerlei alter Aberglaube. Jeremia's Strafrede gegen den Opferdienst (7, 21 ff.) ist eingerahmt von den Anklagen auf Anbetung der Himmelskönigin (7, 16 ff.) und auf schändliche Kinderopfer (7, 29 ff.). Hesekiel hat am Tempel heimliche Verehrung der Sonne gesehen, und wie die Weiber den Tammuz beweinten (8, 14 ff.).

Stand es so schon mit dem äusseren Gottesdienst, so ist man den eigentlich prophetischen Forderungen, der Forderung der Sittenreinheit und der Schonung des Nächsten, sicherlich noch viel weniger nachgekommen. Der Hof eines Tyrannen wie Jojakim wird ebensogut wie der des Nordreiches für alle Laster und Verirrungen ein günstiger Boden gewesen sein, und wenn auch Zedekia persönlich weniger schuldig zu sein scheint, werden die Höflinge, denen er so oft ohnmächtig gegenüber stand, dafür gesorgt haben, dass die Zustände nicht besser wurden. So mochte alles in allem kaum viel mehr als der äussere Schein gesetzmässigen Verhaltens übrig bleiben.

Aber dieser äussere Schein genügte, wie wir sahen, vollständig, um dem Volke ein ruhiges Gewissen zu sichern. Umso stolzer behauptete sich auf dieser Grundlage das alte Dogma von der Unverletzlichkeit Jerusalems. Man fühlte sich für den letzten Notfall vollkommen sicher im Schutze des Tempels, in dem Jahwe selber wohnte. Zunächst tat man zwar das Seinige für die Sicherheit und Wohlfahrt des Staates Juda, so gut man es verstand, durch pfiffige Benutzung der politischen Konstellationen. Aber sollte es zum äussersten kommen, so zweifelte man keinen Augenblick, dass Jahwe ebenso wie hundert Jahre zuvor mächtig eingreifen und den Belagerer vor den Mauern Jerusalems vernichten werde. Selbst die bittere Erfahrung des Jahres 597 vermochte diesen Glauben schwerlich auf die Dauer zu erschüttern. Man wird in seiner Selbstgerechtigkeit keine Mühe gehabt haben, sich das zurecht zu legen. Damals hatte der unerfahrene junge König Jojachin die Stadt ohne Not übergeben; der volle Glaube hatte ihm gemangelt, und dass er mit seinen Ratgebern in die Verbannung wandern musste, war nur die gerechte Strafe dafür. Das wahre Israel hatte in Jahwe's Nähe bleiben dürfen und fühlte sich nur umso sicherer in seiner Selbstgerechtigkeit gegenüber denen, die durch das göttliche Strafurteil gekennzeichnet waren. Rückte die Gefahr noch einmal heran, so wollte man nicht verzagen wie jene, sondern auf die Hilfe Jahwe's harren, die endlich doch eintreffen musste[3]).

Dieses Bild der durchschnittlichen religiösen Haltung des Volkes ist keineswegs aus der Luft gegriffen oder auf blosse Vermutungen gestützt. Jeder Zug davon wird durch unanfechtbare Zeugnisse des treuen Mannes gedeckt und gesichert, der diese ganze Zeit aus nächster Nähe mit erlebte und aus überlegener Höhe überschaute. Ich rede, wie jeder fühlt, von dem Propheten Jeremia. Aus der Priesterschaft der kleinen Stadt ʻAnathoth in der Nähe Jerusalems stammend, wahrscheinlich ein Nachkomme von David's Priester Ebjatar (I. Kön. 2, 26), war er im 13. Jahre König Josia's zum Propheten berufen. Sehr wenig wissen wir von den fünf ersten Jahren seiner Tätigkeit, vor Josia's Reform, kaum mehr von seinem Verhältnis zu dieser selbst. Nicht bei ihm, sondern bei einer uns sonst unbekannten Prophetin Hulda fragt man im Namen Josia's an, ob das gefundene Gesetzbuch wirklich Jahwe's Wille enthalte (II. Kön. 22, 14). Und umgekehrt sind auch in dem Buche des Propheten die Spuren dieses grössten Ereignisses der Zeit merkwürdig dünn gesät. Nur ein Stück besitzen wir, das darauf Rücksicht nimmt; aber dieses eine genügt zu beweisen, dass Jeremia sich anfangs auf Gottes Geheiss der mächtigen Bewegung der Reform zur Verfügung stellte (11, 1—6). Es giebt schwerlich ein besseres Verständnis der Stelle, als das, das neuerdings besonders von Cheyne[4]) vertreten ist, dass nämlich Jeremia anfangs rings in den Städten Juda's als Prediger der Reform gewirkt hat. Besonders leicht erklärt es sich dann, dass seine eigenen Landsleute zu ʻAnathoth ihn mit dem Tode bedrohen, wenn er ferner im Namen Jahwe's predige (11, 21). Denn die Predigt der Reform verlangte die Centralisation alles Gottesdienstes zu Jerusalem und damit die Schliessung aller übrigen Heiligtümer im Lande, auch dessen zu ʻAnathoth. Man kann sich nicht wundern, dass man dort über eine solche Schädigung des Rufes und des Wohlstandes des Städtchens aufs höchste empört war. Nicht diese Lebensgefahr hat Jeremia's Eifer gedämpft. Wohl aber wird er bald genug erkannt haben, wie wenig doch das läuternde Feuer der gut gemeinten Reform in die Tiefe brannte. Knüpft er doch an Jahwe's Befehl, die Worte des Bundes zu hören und danach zu tun, unmittelbar die Klage Jahwe's, dass dieser Befehl vergeblich gewesen ist, da man den Vätern gleich den Bund sofort wieder gebrochen hat (11, 6 ff.). So hat Jeremia gewiss auch den begeisterten Glauben Josia's an die Hilfe Jahwe's nicht geteilt und seinen kühnen Entschluss, den Ägyptern in den Weg zu treten, nicht gebilligt. Aber schonend geht er darüber hinweg. Nur das Zeugnis des guten und reinen Willens, dass er Recht und Gerechtigkeit geübt, ruft er Josia nach (22, 15 f.), und glücklich preist er (22, 10 ff.) den Toten, gegenüber seinem Sohne Jehoachas[5]), der nach Ägypten in die Gefangenschaft geführt wurde, und damit wohl gegenüber allen seinen Nachkommen, die weit Schlimmeres erleben mussten als er.

Jeremia's eigentliche Tätigkeit beginnt erst mit der Regierung Jojakim's, des ungeratenen Sohnes Josia's. Gleich im Anfang von dessen Regierung tritt er dem Glauben an die Unverletzlichkeit des Tempels entgegen (c. 7, vgl. c. 26). Nichtig ist solches Vertrauen, wenn man dabei stiehlt und mordet, ehebricht und falsch schwört, dem Baal opfert und fremden Göttern nachläuft (7, 9). Nichtig sind alle Brandopfer und Schlachtopfer; denn nicht Opfer hat Jahwe dem Volke geboten, als er es aus Ägypten führte, sondern Gehorsam und göttlichen Wandel (7, 21—23).

Wir stehen an einem entscheidenden Wendepunkte. In diesen Worten erklärt das Prophetentum den Vertrag, den es im Deuteronomium mit dem Priestertum geschlossen hatte, für null und nichtig; es geht wieder allein seine eigenen Wege, dieselben, die einst Amos gebahnt hatte. Nicht von Gesetzen und äusseren Verordnungen, nur von einer Bekehrung des Herzens und Willens zu wahrhafter Sittlichkeit ist das Heil zu erwarten. Die gerade Fortsetzung dieser Aussprüche liegt in der späteren Weissagung (31, 31—34), in der Jeremia dem alten Bunde einen neuen gegenüberstellt, dessen Gesetz in Herz und Sinn des Hauses Israel geschrieben sein soll. Allerdings ist hier mit dem alten Bunde der am Sinai geschlossene gemeint; aber doch gilt das Wort in Jeremia's Sinne ebensogut dem Bunde Josia's, der ja nur eine Erneuerung von jenem sein wollte.

Dass sich Jeremia durch solche Kündigung des geschlossenen Vertrags die Priester zu erbitterten Feinden machte, begreift sich leicht. Aber zu gleicher Zeit tat sich auch der Riss wieder auf, der seit mehr als zweihundert Jahren durch das Prophetentum ging. Nicht nur die Priester, sondern „die Priester und Propheten", wollen Jeremia zum Tode führen, weil er gegen den Tempel geweissagt hat, und nur das Einschreiten einiger Vornehmen rettet ihm das Leben (26, 7 f., 16 ff.). Der arme Uria, den Jojakim wegen desselben Vergehens aus Ägypten zurückholen und hinrichten liess (26, 22 f.), ist der letzte Prophet, den wir an Jeremia's Seite finden. Alle übrigen, die uns bei ihm begegnen (c. 28. 29, 21, vgl. allgemein 23, 9—40), gehören zu den volkstümlichen Propheten, die Heil weissagen, wo keines ist, und das Volk ins Verderben führen. Sosehr hatten diese die Oberhand, so ausschliesslich wurden sie gehört, dass das Buch der Klagelieder nur solche Volksverführer kennt (2, 14. 4, 13 ff., vgl. 2, 9) und von Jeremia gar nichts weiss[6]). Durch den hartnäckigen Unglauben erst, der ihm von da an entgegentrat, wurde Jeremia zum Schriftpropheten, genau so, wie ein Amos hundertundfünfzig Jahre früher. Denn erst im vierten Jahre Jojakim's erhielt er den Auftrag, seine Weissagungen von Anbeginn an niederzuschreiben. Er diktiert sie seinem Freunde Baruch in die Feder, und als ein ausgerufener Fasttag grosse Volksmassen zum Tempel führt, liest Baruch sie dort öffentlich vor. Ein erster, mächtiger Eindruck war ihnen beschieden; aber König Jojakim's Herz vermochten sie nicht zu treffen. Er liess die verlesenen Blätter ins Feuer werfen und auf den Propheten fahnden, um ihn unschädlich zu machen (Jer. 36).

Wir dürfen bei diesem Gipfel der Verstocktheit innehalten und uns die fernere Einzelschilderung des Wirkens und Leidens des Propheten ersparen. Es war ihm beschieden, ganz vergeblich zu arbeiten, keinen, auch nicht den geringsten Erfolg seines Wirkens zu sehen. Vergebens warnte er immer wieder vor dem Anschluss an Ägypten, vergebens mahnte er den letzten schwachen König Zedekia immer wieder, Jerusalem den Chaldäern zu übergeben, um für sich und die Seinen wenigstens das nackte Leben zu retten. Er büsste dafür mit Misshandlungen und Verleumdungen, mit Todesgefahr und Gefängnis; aber er liess sich dadurch nicht irre machen, und die Ereignisse gingen ihren unerbittlichen Gang. Und dieser Unglaube blieb ihm treu selbst über den Sturz Jerusalems hinaus. Gegen seine Weissagung beschloss seine Umgebung nach Ägypten auszuwandern und schleppte ihn widerwillig mit ins Ausland (c. 42. 43); ihm zum Trotz trieb man dort noch Götzendienst (c. 44), und vielleicht erreichte ihn in Ägypten selbst der Märtyrertod, dem er in Jerusalem so oft entgangen war.

Und doch war ihm bei seiner Berufung nicht nur der Auftrag erteilt, auszureissen und umzustürzen, sondern auch der andre, aufzubauen und zu pflanzen (1, 10). Inwiefern hat Jeremia auch diesen Auftrag erfüllt, inwiefern ist er einer der festen Grundpfeiler geworden, auf denen sich das nachexilische Israel, das Judentum, von neuem hat erheben können? Er wurde es zunächst deshalb, weil die Ereignisse seine Weissagungen im ganzen Umfange bestätigten. Hätte kein einziger Prophet diesen Ausgang vorausgesehen, sondern alle in Jahwe's Namen Heil geweissagt, so wäre die Jahwereligion vielleicht spurlos untergegangen. Nun aber erkannte Israel, dass der Feind nicht gegen Jahwe's Willen gesiegt, sondern nur seinen Ratschluss ausgeführt hatte. Jahwe war nicht der Besiegte, sondern der Sieger; er hatte sein irregeleitetes, ungehorsames Volk genau so bestraft, wie er es durch Jeremia im voraus angekündigt hatte. Der Weg zu neuem Heil lag in neuem Gehorsam.

Von solchem neuen Heil hatte allerdings Jeremia nur traurig wenig zu verkünden. Heil war nach ihm Josia widerfahren, dass er gestorben war, ehe noch schlimmere Zeiten anbrachen (22, 10); Heil, nämlich das nackte Leben und die Erhaltung Jerusalems, hatte er Zedekia verheissen, wenn er alle Hoffnung fahren liesse und sich den Chaldäern ergäbe (38, 17 f. u. s. w.). Besseres hat er nicht zu bieten. Als Baruch, der Einzige, der ihm treu geblieben, sein bitteres Loos beklagt, muss er sich Jahwe's Rüge gefallen lassen, dass er in so bösen Zeiten mehr als das Leben verlangt (c. 45). Die mit Jojachin Weggeführten hegen im fernen Lande schwärmerische Hoffnungen von dem baldigen Sturze des Chaldäerreiches und der Rückkehr in die Heimat. Jeremia schreibt ihnen einen Sendbrief, in dem er alle diese Hoffnungen zu nichte macht und sie ermahnt, es sich im fremden Lande wohl sein zu lassen. Sie sollen Häuser bauen und Gärten pflanzen, Ehen schliessen und Kinder grossziehen, das Wohlergehen des Landes ihrer Verbannung suchen und dafür beten; denn besseres sei ihnen nicht beschieden (29, 4 ff.).

Solches Verhalten brachte Jeremia damals eine Denunciation bei der jerusalemischen Behörde ein (29, 24 ff.), ihm verdankt er bis auf den heutigen Tag den Ruf eines schlechten Patrioten. Wahr ist es, dass er auf die höchsten Güter eines Volkes, Freiheit und Macht, nicht den geringsten Wert zu legen scheint: nirgends findet sich bei ihm die Hoffnung einer herrlichen Zukunft, einer Wiederaufrichtung des Königtums und dergleichen, wie wir es bei anderen Propheten finden. Aber dafür ist auch hier wieder sein Zukunftsbild wahr geworden, während jene Hoffnungen traurig getäuscht wurden. Jeremia ist der wahrhaftige Prophet der kleinen Dinge, wie sie Israel nach der Verbannung erwarteten, der ärmlichen Zustände, wie Haggai, Sacharja, Maleachi sie bezeugen. Vielleicht der rührendste Auftritt in dem ganzen erschütternden Trauerspiel des Lebens Jeremia's ist der, der uns in c. 32 (v. 6 ff.) erzählt wird. Jerusalem ist zum letzten Male von den Chaldäern umlagert, Jeremia seiner Freiheit beraubt, im Vorhofe des Gefangenhauses eingeschlossen. Da kommt sein Vetter Chanam'el aus 'Anathoth zu ihm und bittet ihn, ihm seinen dortigen Grundbesitz abzukaufen, denn ihm, Jeremia, stehe das gesetzmässige Einlösungsrecht zu[7]). Also denselben Leuten, die ihm nach dem Leben getrachtet haben, ist Jeremia doch immer noch gut genug, ein vorteilhaftes Geschäft mit ihm zu machen. Denn, wenn das ganze Land zu Grunde geht, ist ein Acker wertlos; baar Geld kann man gut versteckt überall mit hinnehmen. Aber statt ihn verächtlich abzuweisen geht Jeremia auf seine Bitte ein, weil er erkennt, dass es Jahwe's Wille ist. Er kauft den Acker für baares Geld unter Beobachtung aller Förmlichkeiten; er kauft ihn zum Sinnbilde dafür, dass man dereinst wieder Häuser und Felder und Weinberge kaufen werde in dem Lande, das jetzt in die Hand der Chaldäer falle. Aber auch in der langen Trostrede, in der er diese sinnbildliche Handlung auslegt, kein Wort von einer Wiederaufrichtung des Reiches Juda und seines Königtums, von Macht und Herrlichkeit, von wunderbarer Fruchtbarkeit, von reichen Weihegeschenken der Heiden. Nur das Eine verheisst Jahwe ausser der neuen Ansiedlung in der Heimat: dass Juda von neuem sein Volk und er Juda's Gott sein werde, dass er einen ewigen Bund mit ihnen schliessen und nicht aufhören wolle, ihnen wohlzutun (v. 37—40).

Hier ist ein Schritt von unabsehbarer Tragweite getan, der Schritt, der von Amos und Hosea vorbereitet war. Die Religion Israels ist losgelöst von seinem Bestande als Volk. Israel braucht kein selbstständiges Volk zu sein, um sich bei Jahwe in Gnaden zu wissen und seiner Wohltaten sich zu erfreuen. Der alte Bund am Sinai hatte zum wesentlichsten Inhalt das Geschenk des gelobten Landes, die Ansiedelung Israels auf freiem Eigentum. Erst mit der vollständigen Erfüllung dieser Verheissung wurde Jahwe der alleinige Gott Israels. Jetzt aber ist der Baum der Jahwereligion so hoch gewachsen und so tief gewurzelt, dass er dieser äusseren Stütze nicht mehr bedarf. Ob frei oder unterworfen: Israel gehört Jahwe und Jahwe gehört Israel. Das war Trost und Schutz nicht nur für die Zeit der Wiederherstellung Juda's unter persischer Herrschaft, sondern selbst für die Zeit der Verbannung.

Noch ein weiterer und grösserer Schritt ist damit angebahnt und von Jeremia selbst vollzogen, wenn auch unbewusst, der von der nationalen zur individuellen Religion. Bis dahin war das Volk als solches Subjekt der Religion gewesen. Nur dem ganzen Volke waren die Verheissungen gegeben, nur in der Gemeinschaft mit dem ganzen Volke war der Einzelne der Gnade Jahwe's sicher. Etwas andres predigt auch Jeremia nicht; auch das neue Heil, das er verheisst, soll dem Volke als solchem zuteil werden, ob es einen Staat bildet oder nicht, ob es frei ist oder untertan. Aber erfahren und erlebt hat er eine andre Religion und ein andres Heil. Wie einst Hosea, aber in höherem Masse noch als jener, hat er nicht nur mit dem Worte, sondern vor allem mit seiner Person, ja mit seinem Leibe gepredigt. Sein Geschick, von Jahwe über ihn verhängt, ist völlige Vereinsamung. Nach der Reihe ziehen sich alle von ihm zurück: seine Verwandten, der König, die Priester, die Propheten, die Masse des Volks, endlich auch die Grossen, die ihm anfangs beigestanden. An seiner Seite bleibt zuletzt nur noch sein treuer Schreiber Baruch, und selbst dieser ist durch die Mauern des Gefängnisses von ihm getrennt. Und diese Vereinsamung ist Jahwe's Wille und wird durch strenge Gebote verschärft. Er darf kein Weib nehmen, er darf nicht mit den Trauernden trauern, noch mit den Fröhlichen sich freuen (16, 1—8). So bleibt ihm nur Jahwe selbst zur Gemeinschaft und zum Verkehr. Nun aber begegnet uns, was sich vorher bei keinem Propheten findet. Jeremia steht in beständigem Zwiegespräch mit Jahwe, er widerspricht ihm, er ringt mit ihm, er wehrt sich gegen ihn (7, 16 ff. 11, 14. 14, 9 ff. 15, 1 ff. 20, 7 ff.) und — wird immer von neuem von ihm überwunden. Mitten in allem Gram und aller Verzweiflung kommt es ihm zum Bewusstsein, dass doch die Worte Jahwe's die Freude und Wonne seines Herzens sind, weil Jahwe's Name über ihm genannt, d. h. weil er Jahwe's Eigentum ist (15, 16). „Heile mich, Jahwe, dass ich heil werde, hilf mir, dass mir geholfen werde, denn du bist mein Lobgesang (17, 14)!"

Man kann sagen, dass die wahre Religion Jahwe's in Jerusalem zur Zeit seines Untergangs keine andre Zufluchtsstätte mehr hatte, als die Person Jeremia's. Hier finden wir einen Menschen, der, von aller Welt verlassen, im tiefsten Unglück, nur noch mit seinem Gott verkehrt und an ihm sein volles Genüge findet. Hier finden wir das neutestamentliche Gotteswort vorgebildet: „Lass dir an meiner Gnade genügen, denn meine Kraft ist in den Schwachen mächtig" (II. Cor. 12, 9), und das herrliche Psalmwort: „Wen habe ich im Himmel und neben dir begehre ich nichts auf Erden. Wenn mir gleich Leib und Seele verschmachtet: meines Herzens Fels und mein Teil ist Gott auf immerdar (Ps. 73, 25 f.)".

Und in der Tat befindet sich alles, was fernerhin in Israel auf dieser Linie liegt, in Jeremia's Nachfolge. Die Frömmigkeit der Psalmen, von der wir soeben ein Beispiel hörten, schliesst sich unmittelbar daran an. Mögen sie zehnmal im Namen der Gemeinde reden: auf ihrem tiefsten Grunde strömt doch ein starker Quell individueller Frömmigkeit, beseligenden Verkehrs der einzelnen Seele mit Gott. Viele unter ihnen sind vorher der Ausdruck eines solchen Verhältnisses gewesen, ehe die Gemeinde sie sich aneignete. Das Buch Hiob bildet lediglich das erschütternde Ringen und Streiten Jeremia's mit seinem Gotte weiter fort. Alles, was Israel an Geduld und Gottseligkeit mitten im Leiden im wirklichen Leben gezeitigt hat, findet sein Vorbild an unsrem Propheten. So ist der, der bei Lebzeiten als eiserne Säule und eherne Mauer wider sein Volk dastand (1, 18. 15, 20), nach seinem Tode dasselbe für sein Volk geworden.

Aber die zarte, passive Natur eines Jeremia hätte doch allein dem aus den Trümmern wieder·aufkeimenden Leben keinen genügenden Halt geboten. Schon vor dem Sturze Jerusalems erhob sich eine zweite Persönlichkeit, der Jeremia's so fremd, so entgegengesetzt wie nur möglich, aber gerade darum im Stande, Israel das zu bieten, was Jeremia vermissen liess. Es ist der Prophet Hesekiel. Wenn sich, wie wir feststellten, in Jeremia das Prophetentum von dem Bunde mit dem Priestertum lossagte und wieder eigene Bahnen einschlug, so darf man in Hesekiel umgekehrt den Priester finden, der für Rettung und Wiederherstellung Israels ein eigenes, selbständiges Programm aufstellt.

Ein junger Priester, nicht vom Lande wie Jeremia,

sondern vom Tempel zu Jerusalem, aus dem Priesteradel der Zadokiden, war Hesekiel nach der ersten Übergabe Jerusalems, elf Jahre vor der Zerstörung, mit König Jojachin nach Babylonien weggeführt worden. Einige Jahre später — es war dieselbe Zeit, in der Jeremia seinen Sendbrief gegen die trügerischen Hoffnungen der Verbannten nach Babel richtete (Jer. 29) — erhielt Hesekiel dort seine Berufung zum Propheten. Bis zur Zerstörung Jerusalems hat seine Predigt nur einen einzigen Gegenstand, den Nachweis der Schuld Juda's und der Notwendigeit unerbittlicher Strafe. Weit über das hinaus, was sich im Deuteronomium findet, wird die Schuld Gesamtisraels in die Vergangenheit, ja bis in die Anfänge Israels zurückverlegt. Von Ägypten an hat das Volk stets Götzendienst getrieben, und je länger, desto schlimmer ist es damit geworden. Samaria hat seine Strafe erlitten; aber Jerusalem hat sich dadurch nicht warnen lassen, sondern es schlimmer getrieben als seine Schwester (c. 16. 23). Und nicht um Verschuldung der Väter allein handelt es sich, sondern das gegenwärtige Geschlecht ist ebenso schuldig wie sie; am Tempel selbst werden heidnische Greuel getrieben (8, 14 ff.). Deshalb soll man sich nicht einbilden, dass man für die Schuld anderer leide; Jahwe lässt jeden einzelnen für seine eigene Sünde sterben und erhält ihn am Leben für seine eigene Gerechtigkeit (c. 18. 33, 10—20). So wird das Schuldbewusstsein auf das äusserste gesteigert. Der Prophet ist sich bewusst, damit seine Pflicht getan zu haben (3, 16 ff. 33, 7—9) und sieht nun der

Erfüllung des Geschicks seines Volkes mit einer Kälte und Ruhe entgegen, die grell gegen die erschütternden Seelenkämpfe eines Jeremia absticht.

Aber sobald die Nachricht von dem Fall Jerusalems eingetroffen ist (33, 21 f.), da wendet sich seine ganze Haltung, und er wird zum Heilspropheten, der nichts anderes im Sinne hat, als die Wiederaufrichtung des zu Boden geworfenen und scheinbar vernichteten Volkes. Nicht im fernen Hintergrunde, in Knechtsgestalt und Ärmlichkeit wie bei Jeremia erscheint diese Aufrichtung bei Hesekiel. In Glanz und Herrlichkeit wird Jahwe vielmehr durch Wundertaten sein Land und sein Volk wieder erstehen lassen. Nicht um Israels willen wird er es tun, wegen seines Verdienstes, oder auch nur aus Liebe und Erbarmen, sondern nur um seiner selbst willen, „damit sein Name nicht mehr unter den Heiden gelästert werde" (36, 16—23. 32). Auch hier noch ist der Prophet bedacht, sein Volk so tief wie möglich zu demütigen und die Kluft zwischen ihm und seinem Gotte so weit wie möglich zu machen. Der Gott Hesekiel's ist nicht der Gott Jeremia's, der mit seinem Propheten menschlich und väterlich verkehrt und Zwiesprache hält. Hesekiel empfängt seine Offenbarungen, indem er sich auf sein Angesicht niederwirft, und schon die stehende Anrede „du Menschenkind" ruft ihm immer wieder den unendlichen Abstand ins Gedächtnis, der ihn von Jahwe trennt. Wir sehen hier den Priester, der es gewohnt ist, dem Heiligen mit Scheu und nur unter genauer Anwendung der vorgeschriebenen Reinigungs- und Heiligungsgebräuche zu nahen.

Und wirklich wird die Heiligkeit Gottes wie seiner Verehrer von Hesekiel durchaus sinnlich gefasst. Der Begriff schreitet wieder über Jesaja zurück auf den der ältesten Zeiten. Heiligkeit ist sinnliche Reinheit, Unheiligkeit und Sünde ist Vereinreinigung, Befleckung, Ansteckung. So kommt es für das neu erstandene Israel in Zukunft nur darauf an, sich und das Heilige rein zu erhalten von aller erneuten Ansteckung durch das Unreine, das Heidnische. Wir sahen, wie diese Sorge schon für das Deuteronomium in allererster Linie massgebend war; in den Weissagungen und Gesichten Hesekiel's von dem zukünftigen Israel wird sie zum System, das bis in die äussersten Folgerungen durchgebildet wird.

Und nun das Bild, das Hesekiel von der Zukunft entwirft. Zuerst wird Jahwe sein versprengtes Volk aus der Gewalt der Heiden befreien und von allen Enden zusammenbringen in die Heimat und wird dies Land mit neuer, wunderbarer Fruchtbarkeit segnen (cc. 34. 36. 37). Edom, das sich an dem heiligen Lande vergriffen hat, wird besonders schwere Rache erfahren (c. 35). Dann aber wird die widergöttliche Weltmacht, die gegen Israel heranstürmt, in einem furchtbaren Endgericht von Jahwe besiegt und vernichtet werden, ohne dass Israel auch nur eine Hand zu rühren braucht (cc. 38. 39). Nachdem dies geschehen, wird Israel in seinem Lande ungestört und ohne jede Berührung mit fremden Völkern, ohne Gefahr irgend welcher Ansteckung, leben. Es ist, als wenn Israel ganz allein auf der Welt wäre, als wenn Hesekiel sich den ganzen Erdkreis ausser Palästina völlig verödet dächte. Das Geschick aller übrigen Völker kümmert ihn und seinen Gott nur, soweit es sich um Strafe und Gericht handelt; darüber hinaus hört jede Anteilnahme völlig auf.

Aber nun beginnt die Sorge für den Schutz des Heiligen. Der Tempel ersteht auf dem alten Platze. Aber er wird eingebettet in zwei Vorhöfe, von denen der innere nur von den Priestern betreten werden darf, und selbst sie müssen beim Eintritt und Austritt die Kleider wechseln (44, 17—19). Das Tempelgebiet ist wiederum eingebettet in einen Bezirk, in dem nur die Priester wohnen. Nördlich davon erhalten die Leviten ihre Wohnsitze, südlich kommt die Stadt Jerusalem und die Äcker ihrer Bewohner zu liegen; zu beiden Seiten aller dieser Gebiete erstreckt sich das Gebiet des Fürsten, dem gewisse Rechte *circa sacra* zustehn, bis zum Mittelmeer und bis zum Jordan. Nördlich und südlich schliessen sich an diesen Landstreifen die bevorzugten Stämme Juda und Benjamin an; dann erst folgen dem Range nach die übrigen Stämme. So ist das Heilige mit siebenfachen Isolierschichten umgeben und vor jeder Verunreinigung und Schädigung gesichert. Wir stehen vor einer Arbeit, so fein und durchdacht, wie etwa das Kabel, in das der redende Draht geborgen ist, der die neue Welt mit der alten verbindet.

Und diese Fürsorge erstreckt sich noch weiter.

Sorgfältig werden die Personen abgestuft, die sich dem Heiligen nahen dürfen. Nicht wieder sollen, wie am alten Tempel, die niederen Arbeiten von Fremdlingen versehen werden (44, 6—8). Die alten Höhenpriester werden zur Strafe für ihren Dienst an ungesetzlichen Heiligtümern unter dem Namen Leviten zu diesen Arbeiten degradiert (44, 9—14), und nur die Söhne Zadok's, d. h. Hesekiel's eigene Familie, die seit Salomo das Priestertum am Tempel zu Jerusalem innegehabt hat, soll den Dienst am Heiligtum selbst verrichten (44, 15 ff.). Kein König tritt an die Stelle der alten Könige, ohne Zweifel, damit er nicht wieder den Gottesdienst verhängnisvoll beeinflusse; nur ein Fürst wird eingesetzt, dem die Sorge für die äusseren Bedürfnisse des Tempels, vor allem für die Lieferung der Opfertiere, übertragen wird. Von wirklichen Machtbefugnissen für ihn ist gar nicht die Rede; ein grosser Grundbesitz wird ihm nur darum gegeben, „damit die Fürsten Israels das Volk Jahwe's nicht ferner bedrücken" (45, 8. 46, 18). Man kann sich des Eindrucks kaum erwehren, dass der „Fürst" wie der *rex sacrificulus* der römischen Republik sein Dasein nur der Scheu verdankt, Jahwe der Ehre zu berauben, die ihm früher durch die Opfer von Königen erwiesen wurde.

Gericht üben sollen die Priester, und ausserdem fällt ihnen die Aufgabe zu, „das Volk den Unterschied von heilig und gemein, von rein und unrein zu lehren" (44, 23), damit jeder im Volke mit dafür Sorge tragen kann, dass alle Verunreinigung vermieden wird. Und zu dem allen treten nun umfassende Vorschriften für regelmässig wiederkehrende Handlungen zur Reinigung und Entsündigung des Altars und des ganzen Heiligtums (43, 18 ff. 45, 18 ff.), damit jede Verunreinigung, die dennoch etwa stattfindet, sobald wie möglich beseitigt und unschädlich gemacht werde.

Dies die ideale Gesetzgebung der Zukunft, die in den Visionen der letzten neun Kapitel des Buches Hesekiel niedergelegt ist. Mag man über ihren religiösen Wert urteilen, wie man will: ihre geschichtliche Bedeutung ist jedenfalls überaus gross. Zwar kam das ideale Reich Hesekiel's mit all seiner Herrlichkeit nicht zu stande. Die Masse der Judenschaft blieb unter die Heiden zerstreut; das kleine Häuflein im gelobten Lande musste sich mit der heiligen Stadt und spärlichen Gebieten in ihrer Nachbarschaft begnügen und als Untertanen heidnischer Herren in der Mitte von Heiden leben. Aber das Streben nach der vollkommenen Abschliessung Israels gegen die Heiden und der Vermeidung jeder Verunreinigung ging aus Hesekiel's Visionen in die praktischen Gesetzbücher über. In engem Anschluss an ihn entstand zuerst das in Leviticus eingeschlossene Gesetzbuch[8]), dem man neuerdings gerade wegen dieser Abzielung den bezeichnenden Namen „Heiligkeitsgesetz" beigelegt hat. Weiterhin entstand im Schoosse der in Babylonien weilenden Priesterschaft die grosse priesterliche Schrift P, in der Gesetz und Geschichte miteinander verbunden von der Erschaffung der Welt bis auf die Einwanderung in Kanaan verfolgt werden. Hier ist alles den wirklichen Verhältnissen der nachexilischen Gemeinde angepasst; deshalb gelang es Esra, mit dieser Gesetzgebung das Deuteronomium zu verdrängen und sie ein für alle Mal für Israel verbindlich zu machen (Neh. 8—10). So heilig und unverbrüchlich wurden ihre Bestimmungen, dass die Aufnahme des Buches Hesekiel in den Kanon auf Schwierigkeiten stiess, weil es in vielen Einzelpunkten dem Gesetze widersprach[9]). Man kann sich eines Lächelns über solchen unbewussten Undank schwer erwehren. Denn in Wirklichkeit stammen die Grundsätze und leitenden Gesichtspunkte des Priestergesetzes durchaus von Hesekiel, und mit Recht hat man ihn neuerdings den Vater des Judaismus genannt.

Ein schwerer religiöser Rückschritt ist hier in keiner Weise zu verkennen. Ein Amos, Jesaja, Jeremia hatten es erkannt, dass Gott Geist ist und im Geiste verehrt sein will, nicht durch Opfer und heilige Gebräuche, sondern durch Reinheit des Wandels und des Herzens. Bei Hesekiel aber und in der Priestergesetzgebung nach ihm liegt der Schwerpunkt in der Richtigkeit und Reinheit des Kultus, in dem *opus operatum* der äusseren Gesetzeserfüllung. Hier kommt in schroffem Gegensatz zu der idealen Religion der Schriftpropheten die alte Volks- und Naturreligion wieder zur vollen Geltung. Sie hat in dem Kampfe den Sieg davon getragen. Aber ein göttlicher Ratschluss ist auch darin nicht zu verkennen. Denn nur der strengen, rituell-mechanischen Abschliessung von allem Fremden, die Hesekiel gelehrt und das priesterliche Gesetz in seinen Fussstapfen der Wirklichkeit angepasst und ins einzelne ausgeführt hat, verdankt Israel die zähe Widerstandskraft, mit der es seine Religion in der Zerstreuung unter die Völker behauptet hat, bis auf die Zeit des Christentums, das aus ihm hervorging, und darüber hinaus bis auf diesen Tag.

Aber auch diejenigen Züge, die das nüchterne Gesetz nicht verwerten konnte, die enthusiastischen Schilderungen der Herrlichkeit des wieder erstandenen Israel, gingen doch keineswegs verloren. Was die Gegenwart nicht verwirklicht hatte, musste die Zukunft noch bringen. So erbauten sich auf Grund der Weissagungen und Gesichte Hesekiel's die phantastischen Gebilde der eschatologischen Hoffnungen, die umfassende Litteratur der Apokalyptik[10]). Wenn die Beobachtung des Gesetzes von dem frommen Juden in jedem Augenblick schwere Arbeit verlangte, so wurde diese Last zur Lust, wenn er der Herrlichkeit gedachte, die seiner Treue wartete. In dem festen Glauben an eine solche Zukunft gewann das Judentum immer neuen Mut und immer neue Geduld, auch das härteste Loos zu tragen.

Noch ein dritter Grundpfeiler für den Neubau ward aufgerichtet, ehe mit dem Sturze Babel's bessere Zeiten anbrachen. Ein dritter grosser Prophet erstand in Israel, ebenfalls wie Hesekiel unter den Verbannten in Babylonien. Wir kennen seinen Namen nicht, sein Buch ist ohne Überschrift überliefert. Da es als Anhang an das Buch Jesaja auf uns gekommen ist, pflegen wir den Propheten als Deuterojesaja, als den zweiten Jesaja, zu bezeichnen. Auf den geschichtlichen Anhang Jes. 36—39 folgt bekanntlich ein ganz neues Buch, Jes. 40—66 umfassend. Für diesen ganzen Umfang ist der Name Deuterojesaja ursprünglich geprägt worden. Ich gedenke auf den lebhaften Streit um die Verteilung dieser 27 Kapitel an verschiedene prophetische Persönlichkeiten, wie er heute geführt wird, nicht näher einzugehen. Sicher scheint mir, dass die cc. 56—66 nicht mit cc. 40—55 zusammengehören; deshalb sehe ich von ihnen hier völlig ab [11]. Dagegen kann ich mich nicht überzeugen, dass von den ersten 16 Kapiteln wesentliche Abschnitte einem zweiten Verfasser müssten zugeschrieben werden. Insbesondere glaube ich beweisen zu können, dass die sogenannten Knecht-Jahwe-Lieder[12] zu dem Grundbestande Deuterojesaja's gehören. Jedenfalls ist der Rest unverständlich, wenn man sie herauslöst. Will man sie daher dennoch einer anderen Hand zuschreiben, so sind sie älter als Deuterojesaja und von ihm benutzt, wie das Wellhausen und Smend annehmen. Das aber hätte für unsren jetzigen Zweck den gleichen Wert, wie wenn der ganze Zusammenhang demselben Verfasser gehört, wie das meine Meinung ist[13].

Was hat nun dieser Prophet der Verbannung seinem Volke Neues und Unvergängliches gebracht? Er schreibt kurz vor dem Ende der Chaldäerherrschaft; schon hat der Perserkönig Kyros, in dem er den von Jahwe gesandten Retter erkennt, seinen Siegeslauf angetreten[14]. So hat Deuterojesaja nichts als Trost und Heil zu verkünden: „Tröstet, tröstet mein Volk, spricht euer Gott! Redet Jerusalem freundlich zu und predigt ihr, dass ihr Kriegsdienst abgelaufen, dass ihre Schuld bezahlt ist. Denn sie hat von Jahwe's Hand Zwiefaches erlitten für alle ihre Sünden!" (40, 1). Nur einen Feind hat der zweite Jesaja zu bekämpfen, das ist der Kleinglaube. Das tief gebeugte, geknechtete Volk wagt nicht mehr an das Heil zu glauben. Jahwe hat es verstossen und vergessen, wie hätte er sonst sein Volk so völlig vernichten können? Und wie sollte er an den elenden Resten sich von neuem so herrlich offenbaren? Diese Verzagtheit zu überwinden, den Kleinglauben des Volkes zu einem starken, freudigen Glauben an das dargebotene Heil aufzurichten, das ist die Aufgabe des zweiten Jesaja an seinen Zeitgenossen. Er kann sich gar nicht genug tun, einerseits die Unendlichkeit der Gnade und des Erbarmens Jahwe's zu predigen, und anderseits seine unumschränkte Allmacht. Hier liegt der erste Punkt, wo der zweite Jesaja seine Vorgänger überholt und für die Zukunft arbeitet. Schon für Amos ist Jahwe der Herr der Welt, mächtiger als alle andren Götter; Jesaja nennt die Götter der Heiden mit einem Wortspiel Nichtse[15]). Aber der theoretische und absolute Monotheismus wird hier zum ersten Male gepredigt. Es giebt auf der ganzen Welt gar keinen andren Gott als Jahwe und hat nie einen andren gegeben. Alle Götter neben ihm sind nicht mehr als das Holz, der Stein, das Metall, aus dem Menschenhand sie verfertigt hat. Mit überlegenem Spott geisselt er die Narrheit der Menschen, die an solches Werk die Hand anlegen, und derjenigen, die es aus ihren Händen als einen lebendigen, zum Handeln und Helfen befähigten Gott entgegennehmen (vgl. besonders 44, 9—20). Er fegt gleichsam alle anderen Götter aus der Welt hinaus und lässt Jahwe, den Gott Israels, allein darin thronen.

Der Gott Israels! Doppelt quälend musste bei so abschliessender Erkenntnis die alte Frage auftauchen, warum denn dieser Gott der ganzen Welt nur ein einziges kleines Volk sich zu eigen erwählt hat? Wir hörten die Antworten der älteren Propheten auf diese Frage; aber keine von allen kann es erklären, warum Gott sich denn mit diesem einzigen Volke begnügt hat, er, der die ganze Welt hätte zu sich ziehen und zu seiner Erkenntnis führen können, wenn es sein Wille war. Dass man dieser Frage früher nicht weiter nachging, ist begreiflich genug. Einerseits wurden doch die Götter immer noch als wirkliche und wirkende Persönlichkeiten anerkannt, an die die übrige Völkerwelt ausser Israel verteilt und vergeben war, und anderseits beruhigte sich die natürliche Selbstsucht und die Scheu vor allem Fremden gern dabei, die übrigen Völker ihrem Schicksal zu überlassen, ohne weiter darüber nachzudenken. Deuterojesaja reisst diese Schranken nieder; er begnügt sich nicht mit dem Partikularismus seiner Vorgänger. Der Gott der ganzen Welt will sich auch der ganzen Welt offenbaren und von allen Völkern verehrt sein. Er hat allerdings aus der Zahl der Völker Israel erwählt, aber nur, damit es sein Knecht, sein Bote und Prediger unter den Nationen sein sollte. Denn der Begriff des Knechtes, des Dieners Jahwe's erschöpft sich bei Deuterojesaja nicht nach dem sonst geläufigen Sprachgebrauch damit denjenigen zu bezeichnen, der ihm Dienst, d. h. Anbetung darbringt. So heisst ihm vielmehr derjenige, der Jahwe zur Hand geht, wie der menschliche Knecht dem menschlichen Herrn, der des Herrn Aufträge empfängt und gehorsam ausführt.

Dass dieser Knecht, dieser Erwählte aber nicht eine Einzelperson ist, sondern das ganze Volk Israel, das sagt Deuterojesaja von 41, 8 an immer wieder, auch ausserhalb der „Knecht-Jahwe-Lieder" (vgl. 42, 19 ff. 43, 10. 44, 1 ff. 21. 45, 4. 48, 20. 49, 3). Und wenn auch jene hymnischen Abschnitte von den positiven Aufgaben des Knechtes in besonders gehobenem Ausdruck reden, so tun sie es doch keineswegs allein. Mir mangelt die Zeit, alle die Missverständnisse zu berichtigen, die falsche Auslegung unsrer Texte verschuldet hat. Weil so viele einander widersprechende Aussagen von dem Knechte gemacht werden, ist man dazu übergegangen, mehrere, ja eine ganze Reihe von Knechten zu unterscheiden. Wenn aber Israel schon seit seiner Erwählung der Knecht Jahwe's gewesen ist (41, 8), und der Prophet auf alle diese Jahrhunderte zurückschaut: ist es dann ein Wunder, dass der Knecht Jahwe's nicht immer die gleichen Züge trägt? War Israel nicht oft genug taub und blind (42, 18 ff. 43, 4 ff.), störrisch und ungehorsam (48, 4), verzagt und kleinmütig (49, 4)?[16]) Und blieb es nicht trotzdem immerfort der Knecht Jahwe's, der seine hohe Bestimmung in sich trug und einst trotz alledem verwirklichen sollte? Diese Bestimmung aber ist — noch einmal sei es gesagt — den Dienst des einzig wahren Gottes, die einzig wahre Religion selbst zu pflegen und in die Völkerwelt hinauszutragen, bis sie bekehrt zu Jahwe's Füssen liegt[17]).

Mit dieser Erkenntnis löst sich für Deuterojesaja auch die bange Frage der Theodicee, die Israel seit der Zerstörung Jerusalems so viel zu schaffen machte, die Frage, warum denn Jahwe sein erwähltes Volk wieder verstossen und vernichtet habe. Durch einen Schwall von Anklagen hatte Hesekiel sie zu übertäuben, nicht zu lösen gewusst, und keine Wiederaufrichtung des Volkes konnte ganz erklären, warum die Strafe so schwer gewesen. Deuterojesaja erkennt gleich in seinem ersten Verse (40, 1), dass das Volk doppelt so viel gebüsst als gesündigt habe. Die eine Hälfte der Leiden Israels ist also die Strafe für seine Sünde; aber wofür hat Israel die andre Hälfte tragen müssen? Der Prophet giebt hier keine Antwort auf diese Frage. Hat er sich das Beste bis zuletzt verspart, oder ist ihm die volle Erkenntnis erst später aufgegangen? Das Erste ist wahrscheinlicher, weil von Anfang an alles auf die endliche Lösung hinzudeuten scheint. In dem unvergleichlichen Stücke von dem leidenden Knechte Jahwe's entströmt sie dem Munde der gläubig gewordenen Heiden und ihrer

Könige. Wieder einmal hat der Prophet in c. 52 geschildert, wie Jahwe das erlöste Volk aus der Gefangenschaft herrlich in die Heimat zurückführen wird. Vor den Augen aller Völker wird Jahwe seinen Arm aufstreifen, sodass alle Enden der Erde das Heil des Gottes Israels sehen werden (52, 10). Und wenn dann die Völker und Könige sehen, wie wunderbar Jahwe sich an diesem verachteten und misshandelten Volke verherrlicht, dann werden ihnen die Augen aufgehen und ihr Mund wird überströmen von dem Bekenntnis dessen, was ihnen damit geoffenbart ist (52, 13—15)[18]. Man achte nur darauf, dass sich die Redenden in 53, 1 ausdrücklich zur Entschuldigung für ihre bisherige Blindheit darauf berufen, dass der Arm Jahwe's bis dahin niemandem sichtbar gewesen ist. Wem anders aber ist er nach 52, 10 jetzt sichtbar geworden, als „allen Völkern", „den Enden der Erde"? Dadurch eben wissen sie nun, dass dieses Volk, das ihnen so verworfen und verächtlich schien, nicht für seine eigene Schuld hat leiden müssen, sondern für die ihrige (53, 1—5). Ihre Schuld war der Götzendienst, dem sie sich alle ergeben hatten, während Israel dem wahren Gotte diente (v. 6). Um sie zu bekehren, hat Israel wie ein Opferlamm sterben, das heisst sich selbst verlieren und in die Gefangenschaft wandern müssen (v. 7—9). Jetzt aber hat Jahwe Israel herrlich auferweckt und sich damit vollends als der wahre Gott erwiesen, und nun beugen sich ihm die Heiden, die Israel, Jahwe's Knecht, durch sein Leiden zur Erkenntnis gebracht hat (v. 10—12), und geben in diesem demütigen Lobgesang Israel und Jahwe die Ehre, die ihnen gebührt. Es ist nicht des Propheten Gegenwart, deren Bild darin entworfen wird, sondern die glorreiche Zukunft, die Jahwe für sein Volk in Bereitschaft hält. Die Zeit wird und muss kommen, wo die Nationen der Heiden solch ein Bekenntnis ablegen werden.

Es giebt kein andres volles und lebendiges Verständnis dieses herrlichen Kapitels als dieses, das seit alten Zeiten oft gelehrt und leider noch öfter wieder vergessen worden ist [19]). Hier kommt der Universalismus Deuterojesaja's zu seinem Abschluss. Die Religion Jahwe's ist bestimmt, die Religion der ganzen Menschheit zu werden. Hier ist auch zu gleicher Zeit das Leiden Israels erklärt und verklärt, und dem Volke eine Aufgabe gestellt, so herrlich und gross, dass keine Geduld zu lang scheinen kann, um ein solches Ziel damit zu erkaufen. Die Vorhersage Deuterojesaja's hat sich damals nicht erfüllt, und gewiss traten seine überschwänglichen Verheissungen unter dem Drucke der nachexilischen Zeit lange in den Hintergrund. Aber verloren gingen sie nicht, und immer wieder tauchen ähnliche Hoffnungen auf. Das bekannteste Seitenstück ist die späte Weissagung, die uns doppelt, in Jes. 1 und Micha 4, überliefert ist, die Weissagung von dem Berge Zion, der über alle Berge erhaben dasteht und zu dem alle Heiden herzuströmen, um den Willen Jahwe's zu erfahren. Die Bücher Ruth und Jona sind weitere unscheinbare und liebenswürdige Zeugen dieser universalistischen Strömung, der Proselytismus der griechisch-römischen Zeit der Anfang ihres Sieges. Aber in dem Evangelium Jesu Christi sehen wir Christen die glorreiche Erfüllung der Weissagung vom Knecht Jahwe's, in seinem Leiden die Wiederholung und Vertiefung des heilsamen Leidens des Volkes Israel, dessen Bedeutung unsrem Propheten zuerst aufgegangen ist. Mit Notwendigkeit ist deshalb unser Stück der christlichen Kirche zu einer messianischen Weissagung im engsten Sinne geworden, und leicht und vollkommen verträgt sich unser geschichtliches Verständnis mit dieser Auffassung der Kirche.

Wir stehen am Ziele. Kann es grössere Gegensätze geben als den weltweiten und glühenden Universalismus Deuterojesaja's und den engen, eiskalten Partikularismus eines Hesekiel? Oder auch grösser als der Ritualismus eines Hesekiel und die volle Erhabenheit über allen sinnlichen Kultus bei den beiden anderen? Oder die Resignation eines Jeremia und die enthusiastischen Erwartungen seiner beiden Genossen? Oder das innige Leben in Gott bei einem Jeremia und die weltferne Erhabenheit des Gottes Hesekiel's? Und doch gehören sie alle demselben Volke Israel und sind gemeinsam die drei Grundpfeiler geworden, auf denen sich der nachexilische Judaismus aufbaute. Aufgelöst in nichts hat sich vor unseren Augen das Scheinbild der starren Einheitlichkeit der Religion Israels. In ihren Anfängen ist sie zusammengewachsen aus den verschiedenartigsten Bestandteilen; eine Fülle von heidnischen Religionen haben ihre Beiträge dazu liefern müssen. Und am Ende des selbständigen Daseins Israels stehn, aus dem Mutterschoosse desselben Volkes geboren, drei Prophetengestalten, die denselben Gott bekennen und doch beinahe drei grundverschiedene Religionen zu verkündigen scheinen.

Es hat Gott gefallen, die schönste und edelste Blume seiner Offenbarung nicht in organischem Wachstum aus einer Wurzel den Menschenkindern zu schenken, sondern als die Frucht der Kreuzung der allerverschiedensten Gewächse, die er nach seiner unerforschlichen Weisheit zusammengeführt und kunstvoll in ihren Eigenschaften mit einander vereinigt hat. Uns geziemt nur, dass wir uns seinen Fügungen in Ehrfurcht beugen und uns wie einst der Apostel Petrus sagen lassen: „Was Gott gereiniget hat, das mache du nicht gemein!" (Apg. 10, 15). Das Studium sämtlicher Religionen der Welt wird geheiligt durch die Einsicht, die uns hier aufgegangen, dass keine von ihnen unsrem Gott zu gering gewesen ist, um sein Volk und uns daraus lernen und in seiner Erkenntnis wachsen zu lassen.

## Anmerkungen zur sechsten Vorlesung.

¹) Vgl. Cyruscylinder Z. 30 ff. Nabunaid-Cyrus-Chronik Rev. Z. 9 ff. 21 f. (Schrader, Keilinschriftliche Bibliothek III, 2, S. 127. 133. 135).

²) Vgl. nur Jer. 13, 27. 17, 2. Hes. 6, 13.

³) Genau so ist noch das Verhalten der Zeloten vor der Einnahme Jerusalems im J. 70 n. Chr.

⁴) Jeremiah, his life and times, London, 1888.

⁵) Er heisst v. 11 Schallum. Dies könnte sein ursprünglicher Name gewesen sein, den er beim Regierungsantritt mit dem Namen Jehoachas vertauscht hätte, wie Mattanja sich als König Zedekia nannte (II. Kön. 24, 17). Daneben bleibt die andre Möglichkeit, dass Jeremia damit in äusserster Kürze das Eintagskönigtum des Jehoachas kennzeichnen will, indem er auf König Schallum von Israel (II. Kön. 15, 10. 13—15) anspielt, der nur einen einzigen Monat regierte. Diese Absicht wäre dann in I. Chr. 3, 15 missverstanden.

⁶) Das ist, beiläufig gesagt, der beste Beweis, dass das Buch der Klagelieder nicht von ihm geschrieben ist, wie es denn selbst nicht den entferntesten Anspruch darauf erhebt.

⁷) Vgl. Ruth 3, 9 u. s. w.

⁸) Der Hauptsache nach den Grundstock von Lev. cc. 11. 17—26 bildend, vgl. Haupt, The Sacred Books of the O. T. Part. III von Driver und White.

⁹) So sollen nach diesem Gesetzbuche nicht mehr die Söhne Zadok's Priester sein, wie bei Hesekiel, sondern alle Söhne Aaron's, des Bruders Mose's. Es leuchtet, ganz abgesehen von der Frage, ob P wirklich eine grössere Zahl von Berechtigten anerkennt, sofort ein, dass die erstere Bestimmung nicht von Mose könnte getroffen sein, weil Zadok ein Zeitgenosse David's und Salomo's war.

¹⁰) Im Alten Testamente bilden Stücke wie Jes. 24—27. 34 f., das Buch Joel, Sach. 9—14 den Übergang dazu, während das Buch Daniel die volle Ausbildung zeigt. Die ausserkanonischen Reste dieses Schrifttums werden gerade jetzt einem grösseren Leserkreise in deutscher Übersetzung zugänglich gemacht durch E. Kautzsch, Die Apokryphen und Pseudepigraphen des Alten Testaments, Freiburg 1898 ff.

¹¹) Nebenbei erwähne ich, dass ich diesen Abschnitt nicht einem einzigen „Tritojesaja" zuschreiben kann, sondern darin eine Sammlung von Stücken sehr verschiedener Verfasser sehe, die ebenso an das Buch Deuterojesaja's angehängt sind, wie eine Reihe von Stücken verschiedener Herkunft an das Jesaja's.

¹²) Unter diesem Namen hat zuerst B. Duhm die Stücke 42, 1—4. 49, 1—6. 50, 4—9. 52, 13—53, 12 aus dem Zusammenhange ausgeschieden und einem besonderen Schriftsteller zugewiesen.

¹³) Für diese Frage sei jetzt auf meine Schrift „Die sogenannten Ebed-Jahwe-Lieder und die Bedeutung des Knechtes Jahwe's in Jes. 40—55, ein Minoritätsvotum" verwiesen, die gleichzeitig mit diesen Vorlesungen und im gleichen Verlage erscheint.

¹⁴) 41, 2ff. u. s. w., vgl. den Namen Kyros 44, 28. 45, 1.

¹⁵) Jes. 2, 8. 18. 20. 10, 10. 11. 19, 1. 3. 31, 7.

¹⁶) Man beachte, dass diese letztere Selbstanklage innerhalb eines der sogenannten Knecht-Jahwe-Lieder zu lesen steht.

¹⁷) Vgl. dafür 42, 1—4. 21. 43, 10. 12. 21. 44, 5. 49, 6. 51, 4f. 7. 16 und endlich und vor allen Dingen das „Lied" 52, 13—53, 12. Es ist besonderer Wert darauf zu legen, dass an dieser Reihe das übrige Buch Deuterojesaja ebenso beteiligt ist, wie an der entgegengesetzten Reihe (vgl. die vorige Anmerkung) die „Lieder".

¹⁸) Höchst wahrscheinlich ist in v. 13 statt des unerklärlichen *jaskil* mit Veränderung zweier Buchstaben *jisrael* = Israel zu lesen. Vgl. 41, 8. 44, 1. 21. 45, 4. 48, 20. 49, 3.

¹⁹) Das Verdienst es neuerdings wieder zu Ehren gebracht zu haben, gebührt vor allem Fr. Giesebrecht mit der Abhandlung „Die Idee von Jes. 52, 13—53, 12" in seinem Buche „Beiträge zur Jesajakritik", 1890, 146ff.

www.ingramcontent.com/pod-product-compliance
Lightning Source LLC
Chambersburg PA
CBHW032052300426
44116CB00007B/707